科学素养导向下的

小学科学教育实践

成艳萍 马颖琳 / 编著

东北师范大学出版社

长 春

图书在版编目（CIP）数据

科学素养导向下的小学科学教育实践 / 成艳萍，马颖琳编著. 一 长春：东北师范大学出版社，2020.3

ISBN 978-7-5681-6350-7

Ⅰ. ①科… Ⅱ. ①成… ②马… Ⅲ. ①科学知识—课堂教学—教学研究—小学 Ⅳ. ①G623.62

中国版本图书馆CIP数据核字（2020）第041443号

□策划创意：刘　鹏

□责任编辑：沈　佳　谷　迪　□封面设计：姜　龙

□责任校对：刘彦妮　张小娅　□责任印制：张允豪

东北师范大学出版社出版发行

长春净月经济开发区金宝街 118 号（邮政编码：130117）

电话：0431-84568115

网址：http://www.nenup.com

北京言之凿文化发展有限公司设计部制版

廊坊市金朗印刷有限公司印装

廊坊市广阳区廊万路 18 号（邮编：065000）

2022年6月第1版　2022年6月第1次印刷

幅面尺寸：170mm×240mm　印张：15　字数：270千

定价：45.00元

目录
CONTENTS

第一篇　教学研究

结合综合实践活动开展科学教育的实践研究 ………………………………… 2

科技校本课程的开发与实施研究 ……………………………… 13

科学与工程实践的方向下科技活动与科学课程相融合的策略研究 …… 28

第二篇　课改前沿

创客教育：小学科学课程与科技活动相融合的桥梁 ……………… 52

信息技术设备在 STEAM 教育中应用与实践 ……………… 57

新技术支持下的参与式学习新体验 ……………… 64

第三篇　教学改革

以"规律学习"为中心的教学模式探究 ……………… 70

实事求是　科学求真 ……………… 76

问题，科学课堂上的切入点 ……………… 80

在研究中学习，在研究中成长 ……………… 83

开展低年级科学校本教育，开启孩子奇思妙想的天窗 ……………… 88

引领孩子亲历科学，从小培养科学精神 …………………………………… 95

有效指导科学专题探究，让小学生也能当上科学家 …………………… 98

第四篇　课堂创新

应用"边讲边实验教学法"上好实验课 …………………………………… 108

浅谈在科学教学中发展学生创造性思维的策略 ……………………… 111

巧用语言杠杆促进科学学习 ……………………………………………… 114

第五篇　教学反思

优化探究教学　提高课堂实效 …………………………………………… 120

"紧扣课标注重探究"成就精彩课堂 …………………………………… 124

思维先行　探究着手 ……………………………………………………… 130

以任务驱动促思维的提升 ………………………………………………… 135

搭建支架，为学生走向科学探究而努力 ……………………………… 141

让科学为生活服务 ………………………………………………………… 147

第六篇　学校建设

"卢卡斯模式"下小学低碳教育多元化课程设计实施策略 …………… 152

论小学低年级开展科普教育对学生个体发展的价值 ………………… 156

小学科学教学中以学生为主体评价方式的研究 ……………………… 160

小学低幼年级开设科学课对学生幼小衔接促进作用的探析 ………… 165

第七篇 探究成果

"保护家园，从垃圾分类做起"活动案例 ……………………… 170

借力科技转危为安　擦亮广式凉果品牌 ……………………… 178

我的校园我做主 ……………………………………………… 203

参考文献……………………………………………………… 228

教学研究

第一篇

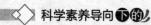

结合综合实践活动开展科学教育的实践研究

☒ 成艳萍 ☒

第一部分　研究概况

（一）课题研究的背景与研究的意义

1. 研究背景

当今世界，科技和教育被许多国家视为发展战略的核心和提高综合国力的关键，例如美国发布了《国家科学教育标准》（2061工程），英国颁布了《教育改革法》与《国际课程》，日本提倡"新科技立国"与"个性化方针"等相继出台，证明科学技术教育（Science&Technology Education）无疑已成为各创新型国家实施创新教育的重要手段和途径。当前，我国公民的科学素养并不尽如人意，因此我们要参与全球竞争，必须加快科学教育的普及，传播科学知识，提高全民科学素养。

2. 研究意义

作为培养新一代接班人的基础教育，目前我国中小学科技教育活动在总的类型结构上，仍以"知识性项目"和"技能性项目"为主的正规科学教育居多，这种教育形式能有效地传播科学知识，弘扬科学精神，普及科学方法与技能，然而对培养学生的科学态度、探究方法、创新精神，在科学方法与科学过程、科学态度与科学精神、科学思想与科学价值观等层面上的训练比较薄弱。

小学综合实践活动比较重视过程，如果将科学教育与综合实践联系起来，一方面，可以充分利用各种教育资源，开展多种形式的活动；另一方面，学生通过教师创设的综合的、充分联系学生实际的、以注重学生亲身体验并以探究发现为宗旨的开放性教育活动，能从按部就班式的被动学习走向富于创新精神的主动学习。从生活入手，从团队出发，通过各色社团活动走上街头、深入社区，既拓展了学生的思维空间，又能激励学生在观察、体验与思考中发现问题、提出问题，激起他们积极主动去尝试、去解决问题的欲望。学生通过积极主动地参与，动手制作，亲身体验一般学科课程难以得到的感性认识和实践体会，从而拓宽视野，发展学以致用的能力，形成科学态度、创新精神，提高自身的综合素质。

（二）课题概念的界定

综合实践活动：《基础教育课程改革纲要（试行）》指出，综合实践活动课是指由学校有目的、有计划、有组织地通过多种活动项目和活动方式，综合运用所学知识，开展以学生为主体，以实践性、自主性、创造性为主要特征的多种活动内容的课程。

科技教育：科技指广义的科学，包括自然科学、数学、社会科学、思维科学、人文学科，以及技术和工程学等。而教育则是指培养人的活动，同时亦是使人社会化的过程。科技教育活动是指学校教育系统协调各学科的教学内容和教学活动，包括校内学科渗透、课堂教学中的科技活动、课内外科技教育活动，也包括校外（家庭、社区）科技活动。

综上所述，在小学综合实践活动课程中开展的科技教育，不是教学层面的一种教学活动方式，而是课程层面的一种具有独立形态的课程；在小学综合实践活动课程中开展的科技教育，是一种实践性的综合课程；在小学综合实践活动课程中开展的科技教育，是着眼于发展学生的综合实践能力、创新精神和探究能力的发展性课程和经验性课程。

（三）国内外研究的现状

通过对使用"中国知识资源总库——CNKI系列数据库（2007—2011年）"检索出的相关文献进行分析与对比，得出如下结论：

文献1~2，针对综合实践课程教学的研究，主要研究该课程实施的意义、策略及发展方向。

文献3，主要研究了科技教育的形式、对学生综合素质培养的促进作用等。

综上所述，我国在综合实践活动及科技教育方面已有相关研究报道。但本课题的研究特点是创设综合的、充分联系学生实际的、以注重学生亲身体验并以探究发现为宗旨的科技综合实践的教育活动，包括校内学科渗透、课内外多元化科技教育活动、校外（家庭、社区）科技教育活动，实施科学知识的普及、科学方法辅导和科学态度、创新精神等的培养，以全面提高学生科学素养。检索中未见与本课题相同的报道。

主要参考文献及出处：

（1）题名：综合实践应以探究性学习培养为主

作者：宁涛

来源：时代教育（教育教学），2011年第1期

单位：辽宁省丹东边境经济合作区浪头小学

（2）题名："习技"和"学政"——浅论综合实践活动课程的开发与实施

作者：徐士根

来源：当代教育论坛（教学研究），2011年第1期

单位：苏州市未成年人社会实践张家港基地

（3）题名：我国青少年科技教育现状及对策分析

作者：郭倩倩

来源：中国科教创新导刊，2011年第6期

单位：新疆青少年科技中心

（四）课题研究的目标及主要内容

1. 目标

（1）以学生核心素养理论为依据，帮助学生学会学习，提高学生自主探究的能力，培养学生正确的价值观，促进学生科学素养的提升。

（2）构筑"大学科"的教学格局，促进教师专业化成长，提高教师的专业水平和辅导、培养学生的能力，提升师生的生命价值。

（3）结合学校课程改革，开展多种教育形式，通过建立综合实践活动与科技教育相结合的综合科学教育体系，提升学校教育教学的效果，推动学校的新课程改革。

（4）构建"学校—家庭—社区"的"三联教育"模式，构建适合新时代的科技教育体系，探索科技教育的有效教育模式。

2. 主要内容

综合实践活动包括国家指定领域与非指定领域。指定领域包括研究性学习、社区服务与社会实践、信息技术教育、劳动与技术教育四大部分；非指定领域包括科学技术活动和学校传统活动（科技节、艺术节等），这些活动在开

展过程中可与综合实践活动的指定领域相结合，也可以单独开设，其课程目标的指向是一致的。本课题与指定领域共同构成内容丰富、形式多样的科技教育活动，拟进行以下方面的研究：

（1）在综合实践活动中开展科学专项课题研究。通过开展科技专项课题的研究，培养学生敏锐地发现问题、主动地提出问题、积极地寻求解决问题的能力，以及初步的观察能力、信息收集能力、信息处理能力、分析概括能力、信息交流能力等科学探究能力。学生通过实践，增强探究和创新意识，学习科学研究的方法，发展综合运用知识的能力；增进学校与社会的密切联系，培养学生的社会责任感；改变教师的教育教学观念，提升教师的教育教学能力，为教师参与课程改革搭建实践平台。

（2）在综合实践活动中有效开展小发明、小制作活动的研究。探索在综合实践活动中小发明、小制作的课堂指导教学模式，探索指导学生开展小发明、小制作的基本方法，形成有效的激励体系，促进学生有效地进行创造发明，建立学生小发明、小制作资源包，汇编学生小发明、小制作案例集。

（3）应用信息技术开展科技创新活动的课题研究。学生会通过上网搜索关于科技方面的网站，指导建立一个较为实用的学生科学探究活动的网站。

（4）结合无线电科技活动，促进学生科技意识的形成。通过探索，在教师的引导下，在科学实践活动中，学生自己感悟、体验、内化而生成科技意识。通过探索综合实践活动课的开发来增强学生的探究和创新意识。通过阳光测向、无线电工程制作等系列综合实践活动，让学生学习科学研究的方法，提高学生综合运用知识的能力。

（5）以科幻画为载体，对小学生进行科技教育的研究。

（五）课题研究的方法与原则

本课题主要采用文献研究法、调查研究法、个案研究法、实践研究法，特别是以行动研究法为主，以创新学习理论及测评和监督为辅，以保证课题的研究顺利进行。

文献研究法：在课题研究的准备阶段，主要采用文献研究法。通过报纸、杂志、网络等多种渠道，大量收集、整理国家以及地方课程法规、文件、理论文献，把握课题的前沿理念，指导课题研究的设计。

行动研究法：在课题研究的实施阶段，根据课题的特点采用合作性行动研究，以充分发挥课题组集体的智慧和力量。按照"计划—行动—观察—反思"四个阶段循环开展研究，切实提高科研应用价值，以此帮助教师提高教育科研技能。

个案研究法：针对教学策略、评价体系的部分内容实施个案研究，为课题组提供具体的、鲜活的案例，探索全新的教育模式及管理策略、方法。在实验中，重视以科研促进实践，以实践提升理论，进而推动修正研究工作的实施。

第二部分　研究过程

（一）以完善的制度保障，促进教师加强理论学习

课题组建立了学习制度，定期进行学习研讨活动。首先是"请进来"。我校邀请了市综合实践教研员、市教研室邹立波老师和区教研室李奚老师来学校做专题讲座，就为什么要研究、研究什么、怎样研究、研究有什么作用四个基本问题进行了指导研讨，进一步理清了思路。其次是"走出去"。我们科组的教师争取一切外出学习的机会：陈佳老师到北京参加了"学校主导下的学校、家庭、社会合作教育模式研究"课题研讨会，王萍老师到西安参加了"全国课程改革实验区综合实践活动第九届研讨会"，成艳萍副校长到广州参加了广州市"百千万人才培养工程"教师专项的培训。这些活动历时三年，大大拓宽了教师们的眼界，提升了教师的教育教学水平。发动教师与兄弟学校建立联络网，向他们虚心求教，互相交流信息，组织学校大综合科（包括综合实践科、科学科、信息技术科）教师参加市、区的听课学习研讨会。教师在不断学习的过程中，不仅促进了教学工作的改进和效率的提高，还对课题研究起到了良好的促进作用。

（二）以详尽方案引领，保证课题正确的研究方向

1. 周密部署研究目标与计划

研究着眼点落在整合教育资源、全面培养提高学生的素质上，课程组制定了研究的总目标及分目标，要求各课题组教师以自身特长为基础，开展形式多样的活动。各项活动要有目标、有任务、有具体内容，教师要有教学过程设计、有实施步骤及评估检查措施。

2. 科学制订专项研究内容

课题组根据研究目标有侧重地自行选择教学内容，挑选适合学生年龄特点、便于操作、有特色的教学内容。研究内容主要包括以下几个方面：

（1）"十万个为什么"。选择适合学生且学生易接受的自然科学、科技知识，开发低年级科学教育校本课程，培养学生从小乐于观察生活的习惯，开展由浅到深的探究活动，提高学生的科学素养。

（2）"让我试一试"。选择做一些具有一定价值的科技小制作及有趣的科学小实验，如电路的组装、机械的组装等，不仅培养了学生动手、动脑的能力，还培养了学生的一技之长。

（3）科学探究专题研究。通过学习，培养学生观察周围事物、观察自然界各种现象的能力，帮助他们发现和揭示其奥秘。指导学生经历"问题—设计—实施—应用"的过程，并将他们的研究成果撰写成科学研究小论文，鼓励学生敢于幻想，勇于大胆创新，培养学生的求异思维。

（4）头脑奥林匹克思维训练。学生就某一中心问题展开讨论，互相启发，引发联想，并产生大量的创造性设想，激发他们的创造性思维，从而使其在掌握知识的同时，充分提高自己的创造能力。

（5）无线电工程制作。无线电工程制作需要技术和速度，开展这项活动既能培养学生的动手操作能力，又能培养学生的整体空间思维能力，还能锻炼学生的反应能力。通过科技比赛，把学生带进更广阔的科学世界。

（6）无线电户外活动。带学生到公园进行无线电户外活动，学生每人一台测向机，通过收听无线电波信号，寻找教师指定的电台。这项活动除进行身体训练外，还学习无线电方面的知识，掌握测向机或其他电子制作技能，这将丰富和延伸其课堂知识，使课堂学习更轻松。

（7）信息技术应用活动。探索在综合实践活动中进行科技创作的课堂指导教学模式，让学生通过上网搜索有关科技方面的网站，学会上网收发电子邮件；通过浏览信息、收发电子邮件等方式，向专家学者请教如何解决自己在科学探究活动中的问题的方法；会制作电子手抄报和网页，并能从中体现大胆创新、勇于开拓的精神。

（8）全员参与科幻画创作。基于在综合实践活动中开展科幻画活动的理论思考，以综合实践活动课程为载体，有计划地开展科幻画活动，对小学生进行科技教育，培养学生的科学想象力、创新意识和创造个性。通过科幻画活动，让科技与艺术更好地融会交流，使其更富有想象力与科学性，凸显学校科技教育的特色。

（三）制订内容，开展行动研究

以实践活动为基础，利用各种环境和资源开展整合学习活动。为了充分尊重学生的个人体验和独特感受，学校从科技实践环境建设、课堂教学活动、社团课外实践探究三个途径来实施科技与综合实践相结合的教育。

（1）通过环境氛围的建设，实施科技教育。

（2）以课堂教学为抓手，强化课堂主渠道作用。

（3）丰富实践活动，拓展科技教育。

（四）探索实践，构建评价机制

我校开发的科技校本课程是以培养学生科学素养为宗旨的科学启蒙课程。设计课程评价时，应明确主要目的（及时了解学生实际的学习和发展状况），促进学生的学习，并最终提高每名学生的科学素养。故此，我校开发的科技校本课程评价以真实的日常教学为基础，从过去的注重甄别与选拔转为激励与反馈；全面评价学生的科学素养，不仅关注学生在科学素养方面的发展，而且了解学生在发展中的需求，发现和发展他们在多方面的潜能，帮助学生认识自我，建立自信，体现"以人为本"；注重以激励为主的发展性评价，发挥发展性评价的诊断、导向和发展功能，促进学生科学素养的形成与发展。

1. 评价方式多样

采用指导教师评价、小组评价和个人评价三种方式相结合的方法，注重学生参与的态度、调查分析能力、团结协作精神和创新能力的培养，以及在活动过程中的体验。如小制作完成之后，将作品展示出来，通过师生评价赏析，评出优秀作品有哪些优点。在学习了一阶段之后或期末时回顾师生的学习情况，学生通过评议本阶段或本学期科技学习的优缺点，提出今后改进的方法。组织家长观摩科技比赛等活动，师生、家长进行交流。

2. 关注过程性评价

在科技教育校本课程的评价过程中，我们更重视学生在科技学习和实践过程中对科学意识、科学精神、科学技能等的评价，既评价学生科技学习成果的优劣，扬其长处，又从成果中看到学生学习过程中的优点，还在科技教学过程中发现学生学习方式的优劣，予以评价。例如，学生制作的作品质量一般，但通过观察与交谈发现，该生非常专心，学习态度认真。虽然在作品展示中，该生的作品不是最炫目的，但该生不怕失败、勇于进取、积极探索的精神是值得认可的，最终得到了"方式妥当"的积极评价。

3. 建立成长档案袋

为了使过程评价更真实、具体，我们采用了学生成长档案袋评价方式，保存学生日常参与科技校本课程学习中的点滴内容，如"学习前后的调查问卷""技能测试表""学习心得总结""科技作品""参与的重要的科技实践活动""科技学习习惯、内容、成果""改进学习的计划及执行情况"等。该档案由任课教师保存，定期发给学生，师生共同持续记录，形成对学生的纵向比较，深入指导学生的学习。

第三部分　研究成果

（一）本课题研究实践的成效

（1）搭建专业发展平台，提升教师生命智慧。

（2）开设生命教育课程，研发生命校本教材。

（3）成立特色学生社团，开展生命实践活动。

（4）以生命教育为主题，创新学校德育活动。

（5）挖掘学科教育因素，渗透生命关爱情怀。

（6）用心营造校园文化，凸显生命教育特色。

（二）开展首届广州市青少年"乐创空间、我行我秀"科技主题实践活动

为促进综合实践活动课程的深入发展，推进学校科技创新，进一步提升广大中小学生的综合素养，促进拔尖创新人才的培养，激发学生"乐于创造、勇于实践"的学习兴趣，顺应互联网时代"大众创业、万众创新"的社会发展需求，为未来广州的新型城市化建设培育创新型后备人才，广州市教育研究院综合实践活动学科、广州市中小学综合实践活动教学研究会决定开展首届广州市青少年"乐创空间、我行我秀"科技主题实践活动，以全面展示与交流广州市广大中小学生在综合实践活动课程中形成的创造性成果。

（三）建构课型研究，促进专业成长

主抓科学学科的成艳萍副校长先后在区、市上课，她主讲的"抵抗弯曲"一课获得广大师生的一致好评。经过层层选拔，过五关，斩六将，成艳萍副校长最终获得广州市特级教师称号，是我们各位教师学习的榜样。她不仅专业水平过硬，还毫无保留地把自己的经验与教师们分享，还在学区举办了关于教材分析的讲座，进行了一次"我的专业成长之路"的分享。她利用第3、4节课为青年教师进行了一次学术专题讲座——如何上好一堂评比课，点亮了青年教师今后成长之路上的明灯。

陈佳老师上的综合实践指导课"我们一起来采访"，获学校青年教师技能比赛一等奖；周敏老师上的综合实践指导课"校园安全小卫士"，获学校青年教师技能比赛二等奖；"我们一起来采访""校园安全小卫士"和张颖老师与陈佳老师合上的"交通安全从我做起"、王萍老师与黄明才老师合上的"绿色关爱——垃圾分类"均获越秀区教师技能比赛录像课例评比三等奖。

黎汉鹏老师和黄伟延老师也分别上了小组研讨课，其中信息技术课"快乐可回放——声音与影片的插入"和科学课"月球"这两课，这两位老师为学生创设了适宜的学习环境，提高了学生的科学素养，同时促进了学生科学探究习惯的形成。在课程的教学中，他们关注学生探究能力和情感、态度与价值观等方面的同步发展。

在不断夯实课堂教学的基础上，我们努力创新教学形式，开展了微课制作的学习与实践，每位教师都制作了教学微课。其中，成艳萍副校长的微课"风的形成"还获得"第三届广佛肇地区微课"及"2015年广东省计算机教育软件评审"二等奖。

1. 综合实践科组

在全体教师的大力支持下，学科负责教师共同努力，在"分类垃圾项目"和"家校合作培养小学生良好的交通安全行为习惯"两个课题研究中取得了可喜的成绩：

（1）张颖老师被评为越秀区小学综合实践学科优秀教师。

（2）王萍老师被评为越秀区小学综合实践学科教研积极分子。

（3）"聚能"环保小社团荣获广州市"优秀德育活动成果奖"二等奖。

（4）张颖老师撰写的论文《以现代网络为平台的综合实践活动课程的有效

开展》荣获一等奖。

（5）分类垃圾项目：参加广州市义务教育阶段综合实践活动项目推进成果评奖，铁四小学综合实践课"生活垃圾分类探究"进行项目展示；优秀学生成果获二等奖；绿茵社团荣获优秀学生社团三等奖；周敏老师撰写的论文《在小学生中开展垃圾分类的习惯培养》获二等奖；张颖、王萍、黄明才、周敏四位老师指导的主题活动"绿色关爱——垃圾分类"获优秀活动案例二等奖；丁淑仪老师撰写的教学叙事《收放结合，有效指导》获二等奖；张颖、王萍的教学叙事《垃圾分类，人人有责——绿茵社团成长历程》获二等奖。

（6）红绿灯社团活动：在广州市第六届小学生综合实践活动成果评比中，我校获优秀学生社团二等奖；王萍老师指导的主题活动"红绿灯，安全你我他"获优秀活动案例三等奖；陈佳、张颖老师参加"十二五"科研规划重点课题征文活动撰写的《家校合作培养小学生良好交通安全行为习惯》获模式研究报告类一等奖；张颖、陈佳、龚上上、杨云媛老师指导的主题活动"小手牵大手，安全跟我走"被评为优秀案例。

2. 科学学科科组

（1）由成艳萍副校长牵头组织开展"科技放飞梦想"科技节系列活动。

（2）活动内容：①"太空生存宝典"专家讲座（五、六年级）；②"科学趣多多，亲子齐乐乐"科技嘉年华活动（全校）；③"模型世界奇趣妙"科技展演（全校）；④"我与科学共成长"科学专题探究成果展示（六年级）；⑤学科教学与科技活动相结合专项活动。

（3）黄江老师负责一年级《我的太空生活》绘画，龚上上老师负责二年级《奇思妙想金点子》简报，张颖老师负责三年级《巧手创梦想》模型制作，温秋莲老师负责四年级《纸飞机的奥妙》研究并写出研究报告，刘惠群老师负责五年级《太空生存宝典》参观活动并写观后感，陈湘老师负责六年级《我为科技狂》电子小报。

（五）常规教学常抓不懈

本学期接待任务繁重：开学时，省绿色学校评比验收；10月份，越秀区视导组检查工作；元旦前夕，"好学校就在身边"拍摄任务。综合实践课组成员兢兢业业地在各自的岗位上勤恳工作，发光发热。王萍老师上综合实践开题课"交通安全，情系你我他"，黄明才老师上"垃圾分类调查问卷"指导课，黄伟延老师上科学课"它们吸水吗"，黎汉鹏老师上电脑课"果园丰收日——'直线'工具"。二次尝试使用微课进行辅助教学，效果很好，大家共同探讨，反复备课、试教、听课、评课。在这个过程中，每位教师都得到了锻炼，他们的业务水平不断取得进步，他们的课都得到视导组听课教师的肯定和赞扬。

综合实践科组的教师为学生搭建研究性学习平台，不断实践、大胆探索，充分发挥学生的个性和才华，全面推进综合实践教育教学的发展。

综合实践学科坚持以社团形式，以点带面开展综合实践活动。本学期学校综合学科开展了全校性垃圾分类的专题研究活动，通过本次活动提升了教师和学生的环保意识，使他们积极参与创建垃圾分类示范校的工作。为了提高学生的科学素养，将科学课教学进行拓展和延伸，综合科的教师互帮互学，不断提高自身的专业素养。黎汉鹏老师参加2013年越秀区小学信息技术科的"微课件"制作活动获一等奖，成艳萍、黄伟延两位科技老师分别参加区科技教师技能竞赛均获一等奖。

第四部分　研究结论

（1）准确把握"生命教育"相关理论的内涵，拓宽思路，提炼学校的办学思想。

（2）利用"生命教育"的相关理论，探索"人本柔性管理"的模式，构筑"生命和谐，幸福成长"的格局，促进教师专业化成长。

（3）确立课题的实践研究思路，拓展并延伸课题研究的成效。

（4）在课题研究实践中，培养一大批科研骨干教师，提升学校办学的整体水平。

科技校本课程的开发与实施研究

☒ 马颖琳 ☒

一、问题提出

当今世界，综合国力的竞争归根到底是科技的竞争，也就是科技教育的竞争。加强和改进我国中小学的科技教育，是我国基础教育改革中亟待研究和解决的重大课题。因此，提高学生的科技素养是学校义不容辞的责任。今天的小学生是我国科学技术的后备军，培养学生热爱科学、学习科学、探索科学的素养及科技创新能力，对学生今后的发展和我国科学技术的发展是至关重要的。现行的九年义务教育国家课程中涉及科技创新教育的内容不多，又因为长期以来根深蒂固的应试教育，使学校普遍只看重考试成绩，学生只看重考试分数，导致科技创新教育不论是从量还是从质的方面来看，都很难培养出适应形势发展的创新型人才，有效地提高青少年的科学素养迫在眉睫。

校本课程是一门以学校为基地，突出师生特点和学校特色的课程。新课程十分关注对学生创新精神和实践能力的培养，通过科技校本课程的实施，提倡、引导并促进学生建立新的学习方式——主动参与、乐于探究、交流合作。近12年来，我校以科技教育为突破口，全面实施素质教育，取得了较为显著的成绩，形成了以科技教育为龙头的办学特色。当前，我校正面临着如何保持并提高科技教育的质量，如何扩大科技教育的受众面，如何开展以科技活动为主的综合实践活动并使之规范化、科学化，如何依托科技教育促进学生多方面科技素养的提高等问题，因此我校迫切需要发掘科技教育资源。为此，我校以《国家基础教育课程改革纲要（试行）》为指导，在2003年开展"科技校本课程开发与研究"的基础上，进一步探究实施策略、方法和评价的实践经验积累，探索以科技校本课程为载体提高学生科学素养的特色教改之路。

二、课题内涵界定

科技校本课程：在国家课程和地方课程的基础上，以学校为基地、以学生发展为目的、以教师为主力，课程专家做指导，家长、社区共同参与开发的青少年科普活动课程。其基本要素一是以学生为主体，以学校为基础；二是以教师为主导；三是以提高学生科学素养为目的，培养学生的创新精神和实践能力。

科学素养：《全民科学素质行动计划纲要》指出，"科学素质"的初步定义为"科学素质是国民素质的组成部分，是指公民了解必要的科学知识，具备科学精神和科学世界观，以及用科学态度和科学方法判断及处理各种事务的能力。"

我们所说的"科技校本课程对提高学生科学素养的研究"，是指充分利用现代科学教学设施及传播媒介，让学生通过对科技校本课程的学习，了解学习科技知识的方法和途径，有机结合人文素质教育，训练和培养学生的科技意识、科学素养，以及创新精神和实践能力，最终提高学生的科学素养。

三、理论依据

1. "整合教学与课程"的观念

"整合教学与课程"这是我国基础教育课程改革的基本精神与核心任务对教学观念提出的要求之一。其基本含义是课程与教学不是两个彼此分离的领域，而应当是课程的开发过程。教学，要将"文本课程"（教学计划、教学大纲、教科书等）转化为"体验课程"（被教师与学生实实在在地体验到的课程），即课程不再只是特定知识的载体，而是教师和学生共同探求新知的过程，教师和学生都是课程的有机组成部分、课程的创造者、课程的主体。按照现代课程的分类理论来考察，校本课程并不是一种课程类型，而是一个课程管理方面的范畴，是正在形成中的，同我国三级课程管理体制相适应的，基础教育新课程体系中的一个组成部分，即中小学新课程计划中不可缺少的一部分。校本课程是一个以学校为基地进行课程开发的民主决策过程，即校长、教师、课程专家、学生，以及家长、社区人士共同参与学校课程计划的制订、实施和评价活动。

2. "自主建构"理论

"自主建构"理论指受教育者的精神世界是自主地、能动地生成与建构的，而不是外部力量塑造的。因为任何学习都是一个积极主动的建构过程，学习者不是被动地接收外部信息，而是主动地根据先前的认知结构和有选择性地感知外部信息，建构当前事物的意义。"自主建构"理论对于本课题的意义在于指导学生在校本课程的学习中改变学习方式，倡导自主学习、合作学习和探究学习，使学生亲身经历大量有意义的探究过程，"探究—研讨"，注重知识与技能、不同课程之间的整合。同时，使科技教学、科技活动符合学生科技知识与技能的自主建构的规律。

3. 参照新课程标准目标和发展性评价新理念

新课程改革从"三个维度""七个要素"来阐述学生需要达到的发展目标，而在此背景下，新课程改革对课程的目标和功能做出了重大调整，强调课程的功能从单纯注重传授知识转变为引导学生学会学习、学会生存、学会做人。与之对应的发展性学习评价则注重对学生综合素质的考查，不仅关注学生的学业成绩，而且关注学生的创新精神和实践能力的发展，更为重要的是关注学生良好的心理素质、健康的体魄、浓厚的学习兴趣、积极地学习情感体验等的发展。

四、研究目标与内容

1. 研究目标

（1）逐步完善学校课程体系。

立足学校实际、立足学校优势，在评估学生发展需求的基础上，充分发挥利用"三结合"资源开发的特色课程的作用，丰富课程资源的内容，形成校本课程和国家课程的互相补充、良性互动，初步建立具有本校特色的课程体系。

（2）探索有效提高学生科学素养的方法。

培养学生的科学意识、科学技能、科技创新能力，发展学生的合作意识，引导他们树立严谨的科学态度，推动学生的个性化成长。

（3）推动教师的专业成长。

教师在校本课程实施的过程中不断反思、不断扬弃、不断提高，其合作意识和科研能力都得到进一步提高。

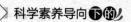

（4）促进学校特色的形成。

充分利用学校的资源，自主规划、建设与学校办学理念、办学特色相结合的课程，发挥学校原有的优势，满足不同学生的学习需求，以点带面，实行整体优化，逐步形成独特、优质、稳定的"科技教育"办学特色。

2. 研究内容

（1）开发具有我校特色的科技教育校本课程资源。

（2）探索实施科技教育校本课程的有效途径和教学策略。

（3）形成与基础课程相结合，典型的科技教育校本课程实施模式。

（4）构建以学生自主活动为主要内容的校本课程评价机制。

五、研究对象与方法

1. 研究对象

学校全体师生。

2. 研究方法

（1）文献研究法。

在课题研究的准备阶段，主要采用文献研究法。通过报纸、杂志、网络等多种渠道大量收集和整理国家及地方课程法规、文件、理论文献，把握课题的前沿理念，指导课题研究的设计。同时，文献研究法将贯穿课题研究的全过程，为培训课题组成员，指导其思考与总结提供支持。

（2）行动研究法。

在课题研究的实施阶段，根据课题的特点采用合作性行动研究法，以充分发挥课题组集体的智慧和力量，按照"计划—行动—观察—反思"四个阶段循环开展研究，切实提高科研的应用价值，以此帮助教师提高教育科研的技能。

（3）个案研究法。

将教学策略、评价体系的部分内容实施个案研究，为课题组提供具体的、鲜活的案例，探索个性化的课程活动模式及管理策略、方法。

（4）调查研究法。

对师生进行关于小学生科学素质的调查问卷及信息测验法，根据调查情况制订培养目标，调整教育方法，确保研究顺利进行。

六、课题研究步骤

第一阶段为课题设计阶段（2010年6—8月）：制订研究方案和计划，建立课题领导小组、研究小组，开展本课题启动前的培训工作及调查、考察工作，完成研究前的各项准备工作。

第二阶段为课题研究实施阶段（2010年9月—2012年12月）：根据研究假设，全面开展研究，努力研发具有特色的科技教育校本课程文本材料，探讨实施科技教育校本课程的途径、方法、教育模式及评价方法。

第三阶段为总结研究阶段（2013年1—6月）：在深入开展前一阶段研究的基础上总结研究成果，分类整理课程资源（包括校本课程教学研究的论文、案例、活动的编辑），撰写实验报告，并准备开展更深入的、大面积的推广研究。

七、研究过程

1. 建立制度，加强理论学习

课题组建立了学习制度，定期进行学习研讨活动，邀请相关专家就该课题为什么要研究、研究什么、怎样研究、研究有什么作用四个基本问题进行指导研讨，进一步理清思路，每年进行科技教育课的交流汇报。

2. 设计方案，明确研究方向

（1）周密部署课程目标与计划。

课程的着眼点落在全面培养提高学生的素质上，课程组制定了课程的总目标及分目标，要求各课题组教师坚持自主原则；坚持因班制宜，不求统一；坚持分类指导，支持鼓励各班办出自己的特色。在课程内容安排、计划制订上力求详细具体。各活动有目标、有任务、有具体内容，教师有教学过程设计、有实施步骤及评估检查措施。

（2）科学制订课程内容。

课题组根据课程目标有所侧重地自行选择教学内容，在课程内容的选择上尊重学生的需要、兴趣及能力，将当今时代富有生命力的知识以学生喜闻乐见的形式反映在课程体系中，谋求学科知识与学生的个人知识的内在整合。同时，注重具有乡土化特色，体现让教育回归生活的理念，让学生学习"生活中的科技"，经过反复筛选、提炼、修改、完善，挑选适合学生年龄特点、便于操作、有特色的教学内容。

3. 制订内容，开展行动研究

（1）通过环境建设，实施科技教育。

良好的校园环境是培养学生良好情感和科技素质的一个重要方面。课题的开展得到学校领导的高度重视。学校在环境创设中，突显科技教育氛围，使学生得到熏陶、陶冶，增强学生的科学意识，培养学生的科技能力，达到实施科技教育校本课程的目的：

① 校园建筑和校园景观中体现科技的气息。例如操场的校园橱窗开辟"科技之窗"，会定期展示科技知识。设立"科技走廊"：教学楼二楼悬挂科学家画像，让科学家的精神引领学生走向科学的殿堂；教学楼三楼悬挂各类科技新成果图片，激发学生探索科技的欲望；教学楼四楼悬挂航空、航天资料图片，营造浓厚的航天科技氛围。在班级文化建设中，设立问题墙，设置书柜，为各班配备各类课外书籍，包括科技方面的书籍，科技报纸杂志，为每个班级提供百科全书，让学生增长科技知识，为学生营造科技氛围。学生走进校园，就像走进科学文化的殿堂，置身在科学与人文的和谐氛围中，伴随科学一起成长。

② 充分利用校园电视台及红领巾广播站等媒体宣传科技知识，播放科技新闻，让学生关注认识科技热点。编发校园科普简报，让学生时时处处生活在科技教育的文化氛围之中。

（2）紧抓课堂教学，强化主渠道作用。

① 开设科技活动课程。经校本课程开发领导小组审定通过的《科技校本课程》，由教务处组织实施，并统筹教学安排，每周一节校本课程。每个学生每学期选择一次，可继续报名参加上个学期的项目，也可更换新的项目。每个班每个项目一般情况下按要求名额进行分配选择，在超额的情况下由班主任协调解决。每个学生在每周一节固定的校本课程时间里选择参加。同时，课程通过教学内容、教学方法与评价的改革，以实践与创新能力为突破口和依托，全面培养学生的科学意识、科学态度、科学精神、科学价值观，培养学生的实践与创新能力。教学过程中应注意做到：一是在课堂上腾出时间，给学生实践的时间，让学生动手操作，亲身体验；二是给予学生必要的指导，做好物质条

件、方法等的准备；三是重视单一知识向综合知识的过渡、单一技能向综合技能的过渡、技能与知识的整合。

②跨学科探究学习（完全探究）。充分挖掘语文、数学、英语、美术、音乐、社会、道德与法治等学科课程中蕴含的科技教育资源，但不是做学科与科技教育简单的加法，而是按照学科的规律用学科特有的方式去研究学科中的科技教育资源的开发，实施科技教育。在制订各学科学期教学计划时，分析并归纳该学科中蕴含的科技教育资源，在教学时加以研究。

（3）通过实践活动，开展科技教育。

开展各种源于学生生活经验和认知需求，涉及资讯科技、健康安全、环境保护、社区参与、生活经营等方面的活动，探究贴近学生生活的真实问题。

①少先队主题活动。以丰富多彩的少先队活动为载体，寓科技教育于少先队活动之中，是提高科技教育实效的有效途径。我校少先队大队部每年都要组织以"科技教育"为主题的少先队活动，例如，"科技与创新"主题班队会竞赛、科技角评比等，学校广播站定期进行科技教育专题的广播，升旗仪式上的"国旗下演讲"，以及教师对学生进行专门的科技教育演讲。

②综合性活动。为更好地实施科技教育校本课程，我们精心打造了校园综合性科技品牌活动——校园科技节。该活动力求做到突出主题，常搞常新，匠心独运，避免形式主义。在科技节上，既有科普故事演讲又有科技成果展示，既有科技游艺又有科技竞赛。呈现出"众手浇洒科技花，校园闪烁科技星"的生动活泼的景象。例如，我校科技节的主题是"科技与创新"。在科技节期间，有组词创意竞赛，有科技创新小品竞赛，有科幻画现场竞赛，还有小制作、车模竞速等。整个科技节上，每个学生都发挥想象、动手制作，一件件小发明作品充满创意，一篇篇小论文观点突出，一张张科幻画色彩鲜明……这些活动培养了学生的动手能力，生动地反映了学生们的创造力。

③社会实践教育。针对社区环境绿化、污染治理、生态保护等具体社会公益或经济发展的问题，组织学生参与社会调查，提供合理化的建议，协助街道、居委会进行社会公益活动，使他们在主动参与的过程中提高科技意识，培养各种能力。我们还发挥校外辅导机构的作用，组织学生定期参观学习，开展丰富的校外实践活动，引导学生走出校园、亲近社会、走进大自然，在大自然中去体验、欣赏、学习、探索、实践。通过参观、访问、实践等活动，学生

充分了解身边的科学，正确认清科学、技术与社会的关系，激发学生的探究兴趣，让学生从感情上建立起与大自然的和谐关系，养成对大自然负责任的态度和行为习惯，发展初步的探究能力。

④ 家庭科技教育。每学期发放关于科技教育的家长书，引导家长重视对子女进行科技素养教育；指导家长给子女选择科技图书和电子音像刊物，希望家长指导子女利用互联网进行网上科技信息的阅读。

八、研究成果和成效

1. 形成具有特色的科技教育校本课程资源

（1）制定适合校本的《科技教育大纲》。

对学校科技教育校本课程的实施进行了较为详尽的说明。根据学生的年龄特点分层制定了教育目标与教学内容，并对具体的操作给予了指导性的建议，有利于教师更好地实施校本课程。

（2）编写有特色的《科技校本教材》。

课题组统一部署，结合各自所教学生的年龄特点，经过反复查找、挑选，在2003年编写的《科技校本课程》的基础上，修订编写了一套新的简易课程教材（见表1）。

表1　有特色的《科技校本教材》课程教材

《小小创造家》	（1）观察发现创造法；（2）大胆联想创造法；（3）主体附加创造法；（4）微缩应用创造法；（5）创新改变创造法；（6）色彩应用创造法
《趣味猎狐》	（1）无线电测向活动简介；（2）无线电测向基础；（3）无线电测向基本原理；（4）80米波测向机电原理简要分析；（5）无线电测向训练的内容
《未来航海家》	（1）纸质乌篷船模型；（2）纸质气垫船模型；（3）木质小船模型；（4）仿真小帆船模型；（5）粉笔交通艇模型；（6）木质多桅帆船模型
《环保小天使》	（1）"盒"理利用；（2）关爱动物；（3）垃圾分类；（4）爱护、保护森林；（5）限塑令，从我做起；（6）拯救森林，"筷"行动

新修订编写的小学科技校本课程教材具有以下四个方面的特点：

① 注重参与性。活动中，为了在科技教育活动中取得研究成果，学生们利用课余时间查资料、看图纸、请教老师，积极参与，全身心投入，享受科技教育探究过程带来的乐趣。学生主动参与，自主探究的能力得到提升。

② 增强互动性。打破常规，突破以往以班级为单位封闭模式的活动，进行班级互动、师生互动、学校社会互动，极大地激发了学生参与科技教育校本课程的兴趣，促进了学生之间的交往、师生之间的沟通、学生社会实践能力的提高，让学生在参与互动中体验科技教育校本课程带来的乐趣。

③ 扩大普及面。活动中以科技小组为单位，每位学生都能参与其中，自己既是活动的组织者，又是活动的参与者。

④ 提高吸引力。科技教育的组织实施过程中，学生根据自己的兴趣进行有选择的活动，实实在在地参与科技实践，发挥科技特长，体验其中的奥妙和乐趣。

（3）形成特色鲜明的教学案例。

案例以学生真实生活中产生的问题为研究对象，让学生在真实问题的解决过程中获得有趣的体验和丰富的经验，形成对生活、对自然的关爱和对社会、对自我的责任感。案例结构过程："动手玩一玩（做一做）"准备阶段—"提出新问题"确定活动内容—"活动指南针"活动指导—"大家想办法"活动过程、分工合作—"一起来链接"收集相关资料、交流学习—"成绩报告单"提交结果、交流体会、师生评价。

2. 学生科学素养得到提升

（1）情感价值的提高。

学生通过"主动参与、乐于探究、交流合作"的学习方式，在科学活动中自主选择、合作探究，从而激发学习兴趣，丰富了学习经历，让学生成为学习的主人，使其主体意识、能动性和创造性不断得到发展。对全校学生进行问卷调查，了解学生对校本课程的认可程度。

从图1中可以看出，以提高学生科学素养为核心的校本课程激起了广大学生的学习兴趣，受到90%以上的学生的喜爱。它丰富了学生生活，成了学生生活中的一件乐事、一种需要。不仅如此，"需要"和"情感"都有着动力的功能，推动学生积极参与活动，学生发挥主体作用，自觉、主动地接受教育和锻炼。

图1　2009年和2012年学生态度对比柱形图

（2）知识与能力的提高。

通过对科技校本课程的学习，学生对于知识的获得过程由被动变为主动，由传统的被迫学习变为独立的主动学习，由外部刺激的被动接受者和知识的灌输对象变为信息加工的主体，其自主性大大增强。学生学习兴趣提高，乐于阅读科学方面的相关书籍，不少学生在课后提出许多问题，并主动去翻阅《十万个为什么》《百科全书》等资料，主动购买订阅科技类图书、杂志等，主动收看电视科普节目，还主动动手进行各类实验及小制作。学生的知识结构由单一走向多元，科学学科学业质量（见图2）和动手操作能力（见图3）有所提高。

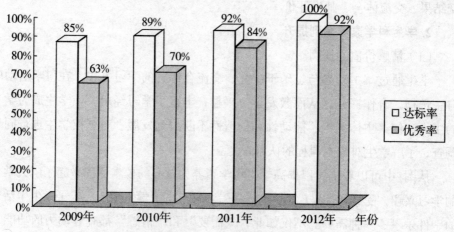

图2　科学学科学业质量检测双率对比图

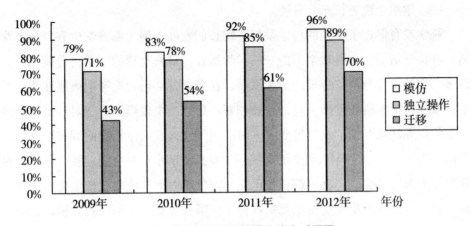

图3 科学学科显微镜操作能力对照图

学生从兴趣中产生了探索科学的动力；在观察合作中，掌握了科学解决问题的办法，学会了交流；在动手摸索中，思维得到了锻炼，培养了创新的能力；在困难和挫折中，学会了成长，培养了坚强的意志。

从图4中可以看出，通过校本课程的实施，学生普遍"开阔了眼界""丰富了知识""更热爱科技""提高了动手能力""学会了与同伴合作"，促进了他们科技素质的发展，使他们的参与意识、实践意识和竞争意识都有所增强，学生的观察能力、思维能力、动手能力和创造能力都得到了不同程度的提高。一位记者到我校采访学校科技教育的情况时说，我校学生"聪明、活泼、自信、大方"，认为我校学生"知识面较广、课堂学习以外的东西能谈上许多，思维很活跃……"

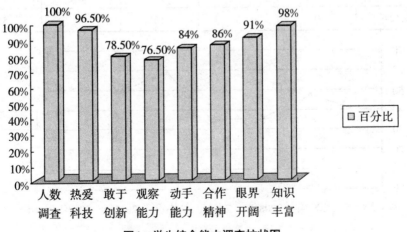

图4 学生综合能力调查柱状图

（3）学生个性特长充分发展。

科学教育促进了学生的科学爱好、特长的发展，绝大部分学生有"最喜欢的一种科学活动，最喜欢学习的一门科学课程，最喜欢读的一本科普读物"。许多学生的个性与科技特长得到了发展，在各级各类科技竞赛中屡屡获奖。其中，参加青少年科技创新大赛，科技创新项目"虫虫现形记——对广州管圆线虫病的探究活动"和"红色警戒——对广州市红火蚁入侵情况的调查"获得了全国一等奖，"中草药PK化学渔药——中草药防治水产病害的初探"科研项目获得了全国二等奖，还有多篇科技论文获得省级以上奖项。我校学生参加"飞向北京"全国青少年航空模型竞赛获得了全国一等奖，参加"我爱祖国海疆"全国青少年航海模型教育竞赛获得全国优秀奖及个人的一、二、三等奖等多个奖项。他们还在广州市无线电、车模等比赛中获得一等奖10多项，二、三等奖数10个（见表2和图5）。

表2　近年来学生获奖一览表

（单位：个）

时间	全国	省	市	区	合计
2006年	0	1	18	20	39
2007年	1	1	34	11	47
2008年	1	2	19	13	35
2009年	0	14	4	16	34
2010年	9	1	32	16	58
2011年	5	1	17	26	49
2012年	0	5	16	30	51

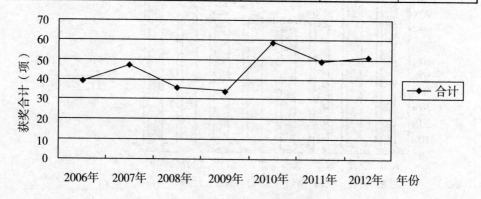

图5　近年来学生获奖对比图

3. 促进了教师的专业发展

课题组的成员按照研究目标边学习，边实践，边探索，边反思，边总结，教师的素质教育观念和科学意识明显增强。对比我们以往组织的各种培训，这种课程实施中的"做中学"对提高教师素质的有效性是不言而喻的。科学教育促进了我校教师队伍的优化，一支高质量的教师队伍逐渐在我校形成。

（1）教师的科研意识和课程意识显著增强，多篇教学论文在省级刊物上刊登并获奖（见表3）。

表3　近年来课题组成员论文刊登及获奖情况

序号	作者	论文名称	刊登（获奖）情况	刊登（获奖）时间
1	马颖琳	《抓特色教育机遇，提高学校竞争力》	《课程教育研究》（ISSN2095-3089、CN15-1362/G4）	2013年6月
2	马颖琳	《在小学低年级开展科学教育初探》	《教育导刊》（ISSN1005-3476、CN144-1371/G4）	2013年5月
3	马颖琳	《让孩子插上科学的翅膀——培养学生创新意识和科学探究力初探》	《课程教育研究》（ISSN2095-3089、CN15-1362/G4）	2012年5月
4	马颖琳	《发挥科技辅导员作用，提高青少年科学素养》	《中小学教育》（ISSN1001-2982、CN15-1362/G4);	2012年5月
5	马颖琳	《开展低年级科学教育，开启奇思妙想的天窗》	第六届广州市校本研究与教师发展学术研讨会二等奖	2013年5月
6	马颖琳	《如何对待课堂上的"善问"与"善待问"》	第四届广州市校本研究与教师发展学术研讨会二等奖	2011年5月
7	余素芹谢国文王正询	《特效植物营养素在水稻的合理使用及表观遗传效应》	《广东农业科学》（ISSN1004-874X、CN44-1267/S）	2011年10月
8	余素芹王正询	《特效植物营养素对不同时期种植迟菜心产量的影响》	《广东农业科学》（ISSN1004-874X、CN44-1267/S）	2012年11月

（2）教师的学科教学水平和能力、科学教育的基本功有了很大提高。教师大多能指导学生开展小实验、小发明、小制作。近几年来，我校不少教师在各级各类科技竞赛活动中获奖。例如，蔡慧敏和陈春华老师的专业是信息技术，他们是数学教师，而毕星慧老师是中文本科生，是语文教师，由他们辅导的学生在青少年科技创新大赛中屡获佳绩。近年来，马颖琳主任被评为全国青少年科技创新大赛优秀科技辅导员，蔡慧敏、毕星慧老师获省优秀科技辅导员称号，钟海略、蔡慧敏和毕星慧老师荣获"越秀区青少年科技教育工作优秀辅导教师"称号（见表4）。

表4　近年获得科学优秀教师、辅导员称号统计表

时间	全国	省	市	区	合计
2010年	0	1	1	0	2
2011年	0	1	0	3	4
2012年	0	1	1	4	6

4. 学校逐步形成科技教育品牌

我校的办学效益在原来的基础上再上新台阶，科学教育的有形资产正逐渐转化为无形资产，形成了科学教育的特色，得到了家长和社会的赞誉。越秀区科信局授予我校首批越秀区知识产权示范校称号，我校的青少年科技创新、海陆空模型、无线电活动三个拳头项目被授予广州市第一批及第三批科技特色项目，国家体育总局授予我校首批"全国阳光测向活动基地"称号。在北京人民大会堂举行的青少年科技教育论坛中，我校作为广东省唯一受邀的小学代表参加。会上，科学院王乃贵给我校题词：科普育人，创建科技特色学校。在广东省教育厅及广东省科学协会举办的青少年科技教育工作会议上，我校科技教育材料《抓好科技特色教育，提高学校竞争力》与汕头、珠海、韶关、河源等六个地级市的教学材料一起作为经验交流材料。广州市教育局及科技局举办的"科普周"活动启动仪式在广州市少年宫举行，我校曾被广州市科技局立项的四个科普项目在活动中面向社会做了展览。多家报刊、电视台对我校科技活动的情况予以专门报道，我校多次接待了省内科技工作专家和同行的指导、参观、学习。虽然在办学规模上，我校只是一所区一级学校，但是科技教育校本课程的实施获得了良好的社会反响，逐步形成了本校科技教育特色品牌。

九、研究的思考与困惑

（1）本校一直致力于开发适合学生使用的具有实践性、开放性、地区性等特色的科技教育校本课程教材，将科技教育课程的科学性、实践性、趣味性进一步综合起来，继续完善和丰富校本教材，进一步科学、客观地探究学生科技素养评价体系，研发精品教材。

（2）开展科技校本课程与科学课程的有机整合研究。

（3）加强教师培训是搞好教育研究和改革的必要条件，在今后的研究中还应进一步加强这方面的工作。我们有必要探讨如何在教改实验中使研究者和实验者形成良好的互动关系，使研究取得更好的效果。

科学与工程实践的方向下科技活动与
科学课程相融合的策略研究

◁ 成艳萍 ▷

　　"科学与工程实践的方向下科技活动与科学课程相融合的策略研究"是广州市"十二五"教育科研立项课题，按照课题实施方案，在不断的探索与实践中，课题组将课题研究与特色学校建设相结合，与教师专业成长相结合，与学生阳光评价相结合，开展了一系列的工作。

　　经过3年的研究，我们重点形成了大科技教育格局，形成了有一定价值的实践研究经验，并促进了一批科研骨干教师的成长。学校教师的多篇论文、案例在各级比赛中获奖或发表。其中成艳萍老师所撰写的课题论文《创客教育：小学科学课程与科技活动相融合的桥梁》于2017年6月在《新课程研究》（ISSN1671-0568，CN42—1778/G4）期刊上发表；论文《信息技术设备在STEAM教育中应用与实践——以小学科学与工程实践教学为例》于2017年11月在《师道教研》（ISSN1672-2655，CN44—1299/G4）期刊上发表；论文《以科学与工程实践为支架，为培养学生低碳观念而努力》（发表时标题为"小学科学课堂实施低碳教育的思考与实践"）于2016年12月在《广州环境研究》期刊上发表并被中国知网收录，同时，该论文获广州市低碳校园建设论文大赛一等奖。吴秋琳老师撰写的课题论文《工程教育实践中勿忘科学与数学》于2017年11月在《师道教研》（ISSN1672-2655，CN44—1299/G4）期刊上发表。学校课题组成员如期编写学生《科学探究成果集》及《创意金点子成果集》，开发了《一、二年级科普教育校本课程》。

　　本课题在实践活动中教育成效显著。在工程实践方面：5项创新作品在第二届广东省青少年环保创意大赛中获一等奖、最具实物价值奖及最佳现场演示团队奖，1项创新作品在2016年广东省中小学生创客大赛获三等奖，2项小发明作品在市科技创新大赛中获奖，4项创新作品在市青少年3D打印创意设计大赛中获奖，140项科技制作在广州市"乐创空间"科技制作比赛中获奖，13项发明制作、77项创意金点子、8项创意搭建和9项创意智绘在市区科技创意和发明大赛中获奖，2件作品在越秀区首届师生发明大赛中获奖，2名学生在创意制作项目区科学主题探究活动成果评比中获一、二、三等奖。在科学实践方面：2个科技活动案例在第二届、第三届广州市青少年科技教育活动案例征集评比活动中获一、二等奖，3个科技创新项目、科技实践活动在广州市青少年科技创新大赛中获市二等奖，2个主题活动在广州市第七届中小学综合实践教学成果评比中获一等奖，2名学生的研究报告在广州市首届青少年"乐创空间、我行我秀"科技主题实践活动成果评比中获一、三等奖，3名学生的研究项目在广州市小学生"科学小星星"专题探究成果评比中获一、二等奖。

通过科研引领，促进了教学的发展。其中黄伟延老师、谢微老师分别执教展示了科技活动与科学课程融合策略的区级公开课——"光的反射""制作一个保温杯"，其中谢微老师的"制作一个保温杯"一课在2017年9月被广东省教育厅评为省级优课并推荐参加全国评选；吴秋琳老师代表广州市第二批百千万位教师培养对象在北京中关村二小执教"桥的形状与结构"，同时，她执教的"工具和机械抵抗弯曲"一课在2016年3月被教育部评为国家级优课。

一大批教师在科研中不断成长。成艳萍副校长被评为广东省特级教师，谢微老师获广州市第三批骨干教师称号，黄伟延老师获广东省无线电优秀指导教师称号，成艳萍、吴秋琳、谢微、黄伟延老师均获越秀区科技教育先进个人（优秀辅导教师）称号，吴秋琳老师获第二届广东省青少年环保创意大赛优秀指导教师称号，成艳萍、谢微老师在越秀区科技教师技能大赛（航空模型）中获一等奖；成艳萍、黄伟延老师在越秀区科技教师技能大赛（遥控车）中获一、二等奖。

在科研引领下，学校向高位优质发展。学校获越秀区小学办学水平评估优秀等次，获广州市特色学校、越秀区科技教育特色项目学校及越秀区科技教育先进集体、越秀区科技创新与发明大赛优秀组织单位等荣誉称号。

本课题组认为课题实践研究已经达到预期目标，符合课题结题的要求，特申请结题。现对本课题作结题报告，具体综述如下。

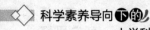

第一部分 研究概况

（一）课题研究背景

当前我国公民的科学素养并不尽如人意，2010年11月我国科学技术协会公布的第八次中国公民科学素养的调查结果显示，我国具备了基本科学素养的国家公民占全民比例的3.27%。因此，提高全民科学素养是非常重要的任务。

科学素养培养的主渠道是学校，培养途径主要是科学课程和科技活动。作为培养新一代接班人的基础教育，目前，中小学科学课程仍以"知识性项目"和"技能性项目"为主，重传播科技知识，轻方法与过程。而科技教育活动具有独特的趣味性、知识性、科学性、实践性和创造性等特点。

从2011年美国《K-12年级科学教育框架》中提出"科学与工程实践"这一维度开始，科技活动就被世界科学教育界认可，也被修订版《义务教育小学科学课程标准》采纳，认为这是当今科学教育的新方向，预示着科学教育将更加强调真实的实践。在国内，科技活动一直是在真实实践中开展的，而科学课则一直存在着脱离真实情境的问题，将科技活动与科学课堂整合起来，有利于改变科学课的这种状况，与生活实际相结合，通过参与各种实践活动来提高大众的科学素养。

因此，借鉴《K-12年级科学教育框架》中"科学与工程实践"这一维度，将科技教育与科学课堂整合起来，有利于从根本上改变我国当前科技教育知识、实践各自为政，忽视科学在生产生活中的实际应用的现状，从而强调参与科学与工程的实践是科学学习的基础，学生应通过参与各种实践活动来学习科学知识，既可以减轻教师的工作负担，又可以丰富学生的课余生活。因此，开展本课题研究具有重要的现实意义。

（二）课题研究内容

学校科技活动的目标与方法很多时候与科学课程有着密切的关系，这些活动在开展过程中可与科学课堂指定的领域相结合，其课程目标的指向是一致的。本课题以指定领域共同构成内容丰富、形式多样的科技教育活动。从以下几个方面开展研究。

1. 教材内容与学校传统科技活动有机融合的研究

将传统科技活动与现有教材内容相融合，充分运用教材这一丰富资源开展科技研究活动，培养学生通过科学的实践调查自然世界和通过工程设计的实践解决有意义的问题的能力。汇编学生科学专项课题研究案例集。

2. 创意发明、制作与科学课堂有机融合的研究

开展创意发明、制作活动是工程设计实践的一种，探索科学课堂有效发明制作教学模式，探索并形成有效的激励体系。建立学生小发明、小制作的指导资源包。

3. 将科学实践活动的指定领域与学校整体活动有机整合的研究

在学校开展的校级活动中，有计划地加入科学与工程实践的内容，以促进学生对该内容的理解，并开展专项科学活动。

4. 将科学实践活动与校本课程进行有机整合的研究

开发有针对性的校内课程内容，拓展教育形式，以专题学习提升学生科学与工程实践的能力。开发有学校特色的校本课程。

（三）课题理论依据与研究价值

本课题的研究特点是：科学教师更多地思考如何融合各科教学内容、学校活动，将科技活动整合到科学课程中，完成相关的实践活动，将有利于鼓励在学校层面上跨学科的合作和协调，这是对科学教育的一个全新的尝试与研究。

将科技活动与科学课程相结合，有利于青少年在科学素养方面形成坚定的教育学与心理学方面的理论基础，包括STS教育理论、研究性学习理论和建构主义理论。当然，美国《K-12年级科学教育框架》对开展该研究也具有一定的指导意义。

STS教育理论：科学（science）、技术（technology）与社会（society），简称STS。STS教育理论强调在教育中要把科技教育与当前科技的发展和生产生活紧密联系起来，它的基本特征是跨学科、基于社会实际和解决问题。它要求学生把科学、技术、社会结合起来进行综合性研究，从收集信息入手，然后进行归纳整理，直至分析、研究、判断，最后做出决策。在科学与工程实践的过程中，STS教育理论强调要使学生掌握科学的方法及在过程中强化技能的必要性，强调科学技术知识的学习要与社会生产和生活实际相结合的实践性。

情境认知理论：该理论认为所有思维、学习和认知都处在特定的情境中，不存在非情境化的学习；知识和能力的发展依赖于真实情境中不断进行的应用知识的活动；知识是在真实情境和实践共同体中建构的。因此，在科技教育中建构来源于日常生活、能激发学生科学探索热情的真实情境有助于学生对概念的理解、迁移和获得解决现实问题的能力。

美国《K-12年级科学教育框架》：科学本来就是知识与实践的统一，为了让学生更好地体验科学过程，人们在科学教育中注入了实践元素，"科学探究"逐渐成了主流。但是探究不等于实践，《K-12年级科学教育框架》认为实践不仅包括探究，而且比探究更全面、更具体——落实到实际工程问题上，强调"科学与工程领域的学习包含整合科学的知识和从事科学探究与工程设计所需要的实践应用"，将科学内容的学习与科学探究的实践及工程设计的实践融合起来。这也显示了科学框架的"三个维度"的内容：科学和工程实践、跨学科概念和学科核心概念。其中"实践"包括两个方面。一是科学实践，主要指调查、构建模型或理论；科学实践可以帮助学生深层次地理解科学知识的发展，直接参与体验让学生领悟到解释世界可使用调查、模型等大量的科学方法。二是工程实践，主要指设计和构建系统，有助于学生理解工程师的工作，以及科学与工程之间的联系。最重要的是，实践有助于学生对科学和工程的跨学科概念及学科核心概念的理解，使学生所学的知识更有意义，并深深影响学生的世界观。

（四）课题研究方法

1. 调查研究法

调查研究是一种在社会科学中经常使用的研究方法。研究者可以通过多种调查方式，如问卷和访谈等来收集资料。具体来说，本课题一方面通过学校科技教育的实施过程，对小学科学与工程实践新方向的指导和科技活动如何与科学课程有效整合的策略进行探索；另一方面，通过课题组成员对其他学校科技教师进行相关访谈或调研，从而对研究情况有较为系统的认识、分析和概括。我们试图通过这种方式使得本课题研究中所要表达的立场、观点、倾向等更具真实性、代表性和有效性。

2. 行动研究法

个案研究是社会科学研究中的一种重要类型，不仅有利于反映丰富多彩的社会现实，而且可以为理论建构提供必要的素材。本课题选取在我市科技教育方面较有影响力的、有代表性的学校展开个案研究，以此从微观方面具体分析、深度剖析其科技活动与科学课程相融合的策略及其实施效果。

第二部分　实践效果

本课题的研究过程历时2年多，取得了一定的实践成果。

（一）搭建专业发展平台，扩大科普教师队伍，提升教师教育智慧

课题确定以来，为了使课题研究工作有的放矢，我们成立了由学校领导、本校科学教师和区内兄弟学校骨干科学教师共同参与的课题研究小组。2015学年，我校请到了市教研室理论科邹立波科长来校做题为"课程整合与学科合作教学"的专题讲座，使我们认识到整合各学科知识、整合学校课程与活动可以减少课程内容的重叠与分化，彰显知识、技能与生活世界的联系及其价值。研究与开发新的事例教育形式要基于学科知识的设计，并对传统的学科课程做出改进与扩展，且保留原有知识的逻辑结构。除此之外，邹教授还两次到校指导课题研究工作，让我们进一步理清了思路并针对所了解的情况制定了课题研究实施方案。2015年，铁四小学为了更好地开展学校科普教育，扩大科技教师队伍，把主管科研的李小凤主任及学历高、热爱科学教育的陈凌云、黄玉丽、黄燕婷老师纳入科学教育阵营，争取一切外出学习机会对他们加以培训，并开设自己专项的校本课程，边学边做，使教师们在研究中得到成长。同时，课题组的成艳萍副校长与吴秋琳老师参加了广州市"百千万人才培养工程"的教师专项培训，3年时间里开阔了眼界，提升了教育教学水平；课题组派出骨干科学教师前往艾迪公司观摩各种数字化仪器与设备，以便投入科学与工程实践的教学。2016年，根据2011年的《义务教育小学科学课程标准》，全体成员参加了市教研室马学军老师的"新课程标准解读"的专题讲座。除此之外，开展课题研究的教师在学校都属于"小众学科"——人数少，教研氛围不浓厚，因此，课题组及时吸纳各校的科学科技教学骨干参与课题研究。为了更好地开展活动，我们建立了联络网，彼此虚心请教、互相交流，组织课题研究跨校大综合科组（包括综合实践科、科学科、信息技术科），一同参加了市、区、片听课学习研讨，学习促进了教学工作的改进，提高了教学效率。这一系列活动的开

展都大大地提升了课题组教师的科研水平，提升了教师的教育智慧。

（二）挖掘学科教育因素，将教材内容与学校传统科技活动有机融合

我们当前的科学课程教学知识逻辑性强，师资、课时有保证，但重知识的传播，轻方法与过程；而学校传统的科技教育活动（科技探究、无线电、空模—海模、电脑机器人等）具有独特的趣味性、知识性、科学性、实践性和创造性等特点，虽然深受学生喜爱，但由于教师编制与课时安排等问题，科技活动存在时间不确定、师资无法保证、内容不完善等问题。如果能将两者融合，则能将科学知识的学习和科学实践与工程实践结合起来，扬长避短，充分发挥教育的功能。我们将传统科学活动与现有教材内容相融合，充分运用教材资源开展科技研究活动，这就大大改变了以往科技专项活动普及面不广、只能部分优等生参加的局面，让全体学生都能接受不同科学项目的基础知识，培养学生通过科学的实践调查自然世界和通过工程设计的实践解决有意义问题的能力。特别是在科学实践方面，通过与课堂的融合，学生学会了用科学的眼光发现问题，用正确的方法探究与解决问题，提升了个人核心素养，也取得了一大批学生的科学专项课题研究成果。

（三）以科学与工程为主线，将创意发明制作与科学课堂有机融合

开展创意发明活动是工程设计实践的一种，小学科学课程中有许多内容都是与工程实践有关的（见表1）。我们深入挖掘教材中的相关教学内容，结合实际，探索指导学生开展小发明、小制作的基本方法。

表1　探索科学课堂有效指导发明制作的教学模式及形成有效的激励体系

年级	册数	单元目录	工程实践内容
三年级	上册	植物	—
		动物	—
		我们周围的材料	—
		水和空气	—
	下册	植物的生长变化	—
		动物的生命周期	—
		温度与水的变化	—
		磁铁	第6课　指南针 第7课　做个指南针

续 表

年级	册数	单元目录	工程实践内容
四年级	上册	溶解	—
		声音	第2课　声音是怎样产生的 第3课　声音的变化 第4课　探索尺子的音高变化 第5课　声音是怎样传播的
		天气	—
		我们的身体	—
	下册	电	第2课　点亮小灯泡 第3课　简单电路 第4课　电路出故障了 第5课　导体与绝缘体 第6课　做个小开关 第7课　不一样的电路连接
		新的生命	—
		食物	—
		岩石和矿物	—
五年级	上册	生物与环境	第6课　做一个生态瓶
		光	第3课　光是怎样传播的 第4课　光的反射 第5课　光与热 第6课　怎样得到更多的光和热 第7课　做个太阳能热水器 第8课　评价我们的太阳能热水器
		地球表面及其变化	—
		运动和力	第1课　我们的小缆车 第2课　用橡皮筋做动力 第3课　像火箭那样驱动小车 第7课　运动与设计 第8课　设计制作小赛车
五年级	下册	沉和浮	第4课　造一艘小船
		热	第6课　热是怎样传递的 第7课　传热比赛 第8课　设计制作一个保温杯

续 表

年级	册数	单元目录	工程实践内容
五年级	下册	时间的测量	第2课　太阳钟 第3课　用水测量时间 第4课　我的水钟 第5课　机械摆钟 第7课　做一个钟摆 第8课　制作一个一分钟计时器
		地球的运动	
六年级	上册	工具和机械	第2课　杠杆的科学 第3课　杠杆类工具的研究 第4课　轮轴的秘密 第5课　定滑轮和动滑轮 第6课　滑轮组 第7课　斜面的作用 第8课　自行车上的简单机械
		形状与结构	第1课　抵抗弯曲 第2课　形状与抗弯曲能力 第3课　拱形的力量 第4课　找拱形 第5课　做框架 第6课　建高塔 第7课　桥的形状和结构 第8课　用纸造一座"桥"
		能量	第2课　电磁铁 第4课　电磁铁的磁力（二） 第5课　神奇的小电动机
		生物的多样性	—
六年级	下册	微小世界	第4课　怎样放得更大
		物质的变化	—
		宇宙	第3课　我们来造"环形山"
		环境和我们	—

1. 结合教材内容指导学生开展科学制作

我们的教材中有许多内容都与工程有关，以往我们只重视知识的讲解，轻视制作的过程，然而，为了更好地让学生既能学习理论知识，又能动手实践，我们对课堂进行了调整，加大了对学生工程制作能力的指导。

例如，像工程师一样用自己所学的知识设计桥、小车、太阳能热水器……我们将整个单元所学的知识以一个问题为主线的方式呈现，学生在习得知识的同时又要利用知识进行工程制作，在实践中应用知识，反思改进，进一步促进对知识的理解。

2. 结合课堂教学开展科技创想

发明创造对于普通的小学生来说往往遥不可及，为了打破这种观念，开发学生的创新思维，提高他们的创新能力，我们结合课堂开展了如下活动：

（1）环保袋亲子DIY创意秀——本活动主要在中低年级开展。"限塑令"后，环保袋的出现代替了原有的塑料购物袋，已逐渐绽放出它日益鲜明的色彩，而且孩子对环保袋都比较熟悉，因此，我们要求家长与孩子利用生活中的废旧物、各种环保材料，设计、制作环保袋。通过此次活动，孩子们制作出了形态各异的轻便、可折、牢固、美观、实用、可重复使用的环保袋。有的适合家庭买菜、购物、旅游，有的配有图案、花纹，还有的具有防水性，突出了环保主题，生动有趣，有创意、有个性。活动后，学生都意识到：原来自己动手制作出一个新产品并不难。

（2）生活饰物创意DIY——本活动主要在中低年级开展。举办环保创意DIY，我们和学生一起用别人眼里的废品创造出一件件集创意、新颖、实用于一体的饰品。通过这次活动，让环保意识渗透到日常生活中，用这一件件环保的创意物品唤醒人们的环保意识，也提高了学生动手实践的能力。

（3）"创意金点子"设计大赛——我们生活中不缺少产品，但缺少有创意的思想。发明创造要经历"选题—准备—设计—制作—改进"等一系列过程，大多数的创新教育注重学生创造出新的产品来，但对于多数普通学生来说，受知识、能力与制作条件所限，他们并不能真正产生有应用价值的发明创造。因此，学校开展创意金点子活动，将重点放在"选题—准备—设计"的"选题"上。选题是发明创造的第一步，它决定着发明创造的方向和目标，在一定程度上展现了发明创造的价值和可行性。选题首先要考虑到社会的需要，因此我们应用"适应需求创造技法"及"找需要选题法"，指导学生捕捉人们工作、学习、生活的需求，观察生产和生活的细节，从中选择发明创造课题，让学生逐步尝试，激发他们的创造兴趣，培养创新思维，以及帮助他们树立长大后通过创新为社会做贡献的远大志向。

（4）乐创空间科技制作比赛——广州市青少年"乐创空间、我行我秀"科技主题实践活动中的一个项目是科技小制作。这个活动既要求学生将自己的创意想法变成现实，又对制作的成品要求不高，非常适合学生初次发明创造。我们结合教学，将重点放在"选题—准备—设计"的"准备"上，设计了指导方案，指导学生针对待解决的问题做好必要的准备工作，包括进行调查研究，了解有关的研究动态、资料信息和理论知识，了解研究对象的性能、所处环境、优缺点、社会需求状况等，还要准备有关工具、原料、材料、加工设备、仪器等开展创意制作。在学校中高年级开展了这种"分解式"的发明指导之后，学生们普遍消除了对发明制作的畏难情绪，纷纷动手做起来，上交了近百件作品。其中，20多个学生的科技小制作获得越秀区综合科的推荐，参加了首届广州市青少年"乐创空间、我行我秀"科技主题实践活动比赛。通过面试、答辩，最终周峥同学的"自动意大利面机"、程曦同学的"计时水漏"获得科技小制作一等奖。

（5）科技创新和发明大赛——这是广州市教育局、越秀区教育局为展示广州市青少年发明创新、创客行动、STEAM教育的成果，培养青少年的科学素养，提升实践创新能力而组织的一项比赛。在中高年级中，我们指导学生创造具有科学性、先进性和实用性的青少年创造发明作品。在这里，我们把重点放在"选题—准备—设计—制作—改进"的"设计"上，一旦富有创造性的设想和方案产生，就必须进入验证和实施阶段。我们指导学生提出具有创造性的解决问题的设想或技术方案，找出实施设想或方案的最佳途径，将自己的创意变成现实，这时，产生的作品往往更具实用性。最终，我校有8件作品通过地区展示、答辩，代表区参加市级比赛并获得优异成绩。

（6）师生发明大赛——这是一项越秀区知识产权局组织的高标准科技创新大赛。为了提升学生的科技创新意识、知识产权意识和实践动手能力，我们把重点放在"选题—准备—设计—制作—改进"的"改进"上，让学生验证最初的创造性设想和方案是否实用与先进，关注新材料、新设备、新工艺并对最初的设想和方案加以改进和完善，形成新的作品。这一活动创造了良好的学习、创新氛围，学生十分投入。其中，作品"勿忘我U盘"成为区一等奖5个作品中的一个，并将申请专利。

（7）环保科技创意大赛——这是广东省环境宣教中心组织的环保专项发明比赛，旨在突出"节水"和"低碳"的发明制作。这种特定的发明制作对学生的创新思维和实践能力要求更高，我们就"节水"和"低碳"进行专题讲解，指导学生开展专项设计。其中，张曦宇、潘俊言、程芷柔等同学的"循环使用泵压座"获第二届广东省青少年环保创意大赛一等奖。

（四）开设专题教育课程，将科学实践活动与校本课程进行有机整合

校本课程是一门以学校为基地，突出师生特点和学校特色的课程。科普校本课程的实施能提倡、引导并促进学生建立新的学习方式——主动参与、乐于探究、交流合作。于是我们开发了具有针对性的校内课程内容。

我们努力开发科普提升校本课程，其中铁四小学科普提升课程体系分为两大模块，如图1所示。

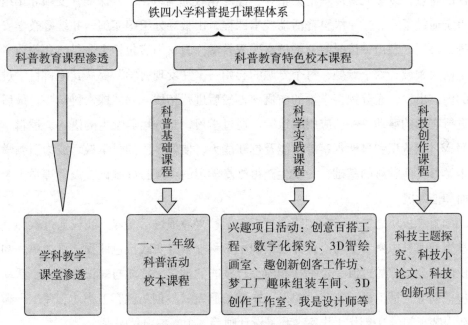

图1　铁四小学科普提升课程体系

第一模块：科普教育课堂渗透——跨学科探究学习（完全探究）

学科课程的主导地位决定了科技教育的学科渗透是进行小学科技教育的一条重要途径，也是实施科技教育的必由之路。我们充分挖掘语文、数学、英语、美术、音乐、社会、思想品德等学科课程中蕴含的科学教育资源，在学科教学中渗透科技教育，既不漠视各科教学内容中蕴含的科技教育因素，不是做学科与科技教育的简单加法，也不把学科教学上成科技常识课，而是按照学科的规律和特有的方式去研究科技教育资源的开发，将学科教学内容与科技有机结合起来，根据学科特点，凭借学科教材，在教学中恰当地把握分寸，潜移默化地进行渗透，进行科技教育。学校要求各科在制订各学科学期教学计划时，分析、归纳学科中蕴含科技教育的资源，在教学时加以充分应用，以保证科学教育的有效渗透。

第二模块：科普教育特色校本课程

第二模块之一：科普基础课程—— 一、二年级科普活动校本课程。我校开设低年级科普活动课程。一、二年级的学生正处于思维发展的第三次飞跃阶段，我们关注低年级科学教育的目标、内容、方法和手段，结合科学学科综合性的特点，以多元智能理论为指导，经专业教师编写，学校课程开发领导小组审定通过了一、二年级科普活动校本课程，由教导处组织实施，并统筹教学安排，每周二利用午读时间开展校本课程教学。教材内容包括生命科学和物质科学两大领域、六个专题，每个专题的起始——"发现科学"都从其他科目学过的内容出发，充分挖掘学生的前概念，然后进行拓展——"探索科学"，最后进行有趣的活动——"应用园地"。通过学习，充分培养学生的语言、逻辑、间、自我认识和自然观察等智能及创新能力，使低年段的科学教育成为引领学生学习其他学科的基础，为学生获得终身学习的本领打好基础，以促进学生全面和谐发展。

第二板块之二：科学实践课程——学校兴趣项目活动课。我校通过教师、学生和家长志愿者参与设计开发铁四小学科学教育实践特色课程。重视单一知识向综合知识的过渡、单一技能向综合技能的过渡、技能与知识的整合。活动包括创意百搭工程、数字化探究、3D智绘画室、趣创新创客工作坊、梦工厂趣味组装车间、3D创作工作室、我是设计师等多个兴趣项目课程。

（1）创意百搭工程。

以新型积木为基础，在每堂课中学生可以动手搭建出与生活经验相关的积木模型，这些积木模型不仅可以实际操作，并且积木作为良好的科学实验器材，不仅可以重复使用，其易组装的特性也能让学生轻而易举地实践自身的创意。课程中一半以上的时间为学生的实践部分，再搭配学习引导、原理解说、实验观察及数据分析，让学生在课堂学习过程中，学习科学原理，培养问题解决能力及科技创新精神和实践能力，使学生从身边问题出发，在科学探索的实践中学习科技知识，掌握科学方法，培养创新意识，树立科学精神。

（2）数字化探究。

数字化实验技术基于传感器的实时数据采集和基于计算机数据处理软件的计算机建模和图像分析技术。我们的科学探究中有许多离现实比较远、受设备限制或学生认知水平较难达到的探究研究内容，很难通过准确的探究反映知识以获得事物的本质。我们通过开设数字化探究兴趣班，恰当地运用数字化技术，利用先进的数字化信息采集处理系统，把一些平时只能定性的知识通过数据直观地表现出来，实现科学知识和数字化的整合，则能较好地化解以上矛盾，让学生更容易掌握科学知识并利用其开展创新创造运动。

（3）3D智绘画室。

绘画是学生最喜爱的项目，在这里，只要学生拿着笔在空中涂画，笔管中的塑料丝就会涌出，并在笔中风扇的作用下迅速凝固，从而构成美观的立体模型，让学生的平面绘画灵感立体地展现出来。

（4）趣创新创客工作坊。

通过生活中的产品让学生发现科学的原理，教师在讲授光学、电学、声学、热学等科学知识的同时，利用简单的材料指导学生制作有趣的万花筒、个性化手环、趣味电子贺卡、与众不同的不倒翁娃娃，还可以制作有用的滤水装置、吸尘器、迷你织布机或者设计一个行走的机器人。

（5）梦工厂趣味组装车间。

利用磁力拼接的趣味电子积木套件，通过磁力吸附可快速拼装出各种趣味电路，每拼装一种电路，都能听到或看到声、光、电的效果。磁力电子学让教科书中原本枯燥的电学、声学、光学、磁学原理在拼装中轻而易举地被学生了解清楚，让学生在玩乐中进入奥妙无穷的电子世界。

（6）3D创作工作室。

通过综合活动让学生掌握如3D打印、激光切割、硬件开发、软件开发、外观设计、新产品设计等知识，让学生的奇思妙想更快地实现。

（7）我是设计师。

在基础配件的帮助下，学生要借助3D打印技术，将自己的一些想法变成实物，再与基础配件组合，才能完成一个设计项目，这是学校科学与工程实践校本课程中的高级课程。

校本课程通过教学内容、教学方法与评价的改革，以实践与创新能力为突破口和依托，全面培养学生的科学意识、科学态度、科学精神、科学价值观，以及实践与创新能力。

第二模块之三：科技创作课程由骨干教师、家长志愿者共同辅导学生社团开展科学探究活动，通过科技教育创造校本课程的实施，以科技创新主题形成探究性学习。本课程由科技创新项目、主题探究小课题、科技小论文、模电技术项目等探究性实践内容组成，注重培养学生的创造能力、研究能力，以及独立性，从而激发学生发明创造的兴趣。编印《科技创造成果集》，让更多的学生参与科技创造，同时开发学习资源；编印《科学知识学习资料库》作为学生学习的辅助材料，让学生在图文并茂的文本学习中认识自然、感受科技，提升参与科学探究的兴趣与能力。学生在科学教师的指导下，根据身边出现的问题，利用科学的方法进行调查、分析、研究，写出了许多高质量的科技小论文，参与到"学科学，用科学，保护我们生活环境"的实践行动中来。

（五）成立特色学生社团，将科普教育从普及到提升有机整合

学校利用科技教育的优势，先后成立了有特色的学生社团活动站，站长由学校骨干教师担任，共建单位、家长等志愿协助，开展各种调查参观、访问活动。活动运用科学课学到的"提出问题—设计方案—研究实践—得出结论—推广应用"的解决探究模式，学生们用稚嫩的声音宣传知识，用微薄的力量服务社区，提升自己的生命价值。

1."绿点"环保社团

社团成员分别对机务段的环境问题、小摊贩问题、铁路周边的噪声问题等主题开展调查研究活动，他们深入社区、进入火车站，通过实地调查，发现存在的环境问题。然后利用科学仪器，通过严谨的实验，得出结论，提出建议，从而撰写出调查报告和整改建议书，向有关部门反映情况，积极投身"人与环境"的实践活动，呼吁居民爱护环境。现在，机务段社区环境焕然一新，菜市场也井然有序。该社团荣获全国"童趣杯""优秀红领巾"小社团称号。

2."保护中华白海豚"小社团

"保护中华白海豚"社团的成立是为了帮助学生学会关注环境，关注珠江流域的中华白海豚的栖息地。社团充分利用省博物馆、海洋生物馆的资源开展活动，把科学研究中主动探究的意识和整理资料的能力充分应用到活动中，开展了大量的调查问卷等综合性活动，为校园和周边社区营造了良好的爱护环境、关注海洋及水资源的氛围，提高了社团成员的探究能力和参与环境保护的兴趣。该社团在广州市中小学综合实践活动教学成果评比活动中，荣获优秀社团一等奖。

3. "聚能" 环保小社团

"节能解危机，地球有转机" 是 "聚能环保" 小社团每个成员的目标和心愿，他们为此努力和奋斗，并以饱满的热情投入其中。他们在辅导教师的指导下，积极主动地开展各项实践探究活动。他们活跃在校园、社区中，通过知识介绍、实验展示等形式积极主动地向身边的同学、家长、居民宣传垃圾分类知识，指导居民用废旧物品制作新的生活用品，提倡善用资源，提高身边每一个人的环保意识。该社团由于凸显 "环保小社团，德育大舞台" 的实效，获得广州市中小学综合实践活动教学成果评比活动优秀社团二等奖。

（六）用心营造校园文化，在学校整体活动中凸显科学与工程实践教育特色

学校的教育是整体的，我们在学校开展的校级活动中，有计划地加入科学与工程实践的内容，开展各种源于学生生活经验和认知需求，涉及资讯科技、健康安全、环境保护、社区参与、生活经营等方面的活动，探究贴近学生生活中的真实问题，以促进学生对该内容的理解。

1. 少先队主题活动

以丰富多彩的少先队活动为载体，寓科技教育于少先队活动之中，是提高科技教育实效的有效途径。我校少先队大队部每年都要组织以 "科技教育" 为主题的少先队活动，例如，"科技与创新" 主题班队会竞赛、科技角评比等，学校广播站定期进行科技教育专题广播，升旗仪式上的 "国旗下演讲"，也有教师针对学生进行专门的科技教育演讲。

2. 综合性活动

为了更好地实施科技教育校本课程，我们精心打造了校园综合性科技品牌活动——举办校园科技节，做到突出主题，常搞常新，匠心独运，避免形式主义。在科技节上，既有科普故事演讲，又科技成果展示；既有科技游艺，

又有科技竞赛，呈现出"众手浇洒科技花，校园闪烁科技星"的生动活泼的景象。例如，我校去年科技节的主题是"科技放飞梦想"，活动内容包括全国第十七届科协年会"科学家进校园"，由国家地球遥感中心高级工程师开设的"太空生存宝典"专题讲座（五、六年级）；"科学趣多多，亲子齐乐乐"科技嘉年华活动（全校）；"模型世界奇趣妙"科技展演（全校）；"我与科学共成长"科学专题探究成果展示（六年级）；学科教学与科技活动相结合专项活动：黄江老师负责一年级学生参与的《我的太空生活》绘画；龚上上老师负责二年级学生参与的《奇思妙想金点子》简报，张颖老师负责三年级学生参与的《巧手创梦想》模型制作，温秋莲老师负责四年级学生参与的《纸飞机的奥妙》专题比赛，刘惠群老师负责五年级学生参与的《太空生存宝典》观后感分享，陈湘老师负责六年级学生参与的《我为科技狂》电子小报展示。科技节以"科学好好玩，好好玩科学"为主题，重点体现活动科学生动的一面，从"海峡两岸青少年科普交流活动"到"我的创意科学实验设计"还有数字化科学探究专题学习……从一场接一场的活动到组词创意竞赛、科技创新小品竞赛、幻画现场竞赛，还有小制作、车模竞速等，整个科技节上，每名学生都发挥想象动手制作，一件件小发明作品充满创意，一篇篇小论文观点突出，一张张科幻画色彩鲜明……通过举办科技节，进一步推动科技创新活动的发展，提高小学生的科学素养和实践能力，在全校范围内营造浓厚的学科学、爱科学、用科学的学习氛围，让学生体验科技的魅力，引导学生形成科技实现中国梦的现代观，全面推进素质教育。

3. 社会实践教育

针对社区环境绿化、污染治理、生态保护等具体社会公益或经济发展的问题，组织学生参与社会调查治理，学生提出合理化建议，协助街道、居委进行社会公益活动，在主动参与的过程中提高科技意识，培养各种能力。发挥校外辅导机构的作用，组织学生定期参观学习，开展丰富的校外实践活动，引导学生走出校园，亲近社会，走进大自然，在大自然中体验、欣赏、学习、探索、实践。通过参观、访问、实践等活动，让学生了解身边的科学，正确认清科学、技术与社会的关系，激发学生的探究兴趣，让学生从情感上建立起与大自然的和谐关系，养成对大自然负责任的态度和行为习惯，发展初步的探究能力。

4.家庭科技教育

每学期发放关于科技教育的家长书，使家长重视对子女进行科技素养教育，引导家长给子女选择科技图书和科技电子音像刊物，希望有条件的家庭能引导子女利用互联网进行网上科技信息的阅读。

第三部分　研究结论

通过几年的实践，我们探索出了科学课堂教学与科技活动融合的流程及相关策略，它的探索及推广运用有力地推动了我校科普教育常态化的开展和学校特色课程的建立。

（一）准确把握"科学与工程实践"的内涵，拓宽思路，提炼科学教育融合策略

（1）探索出在科学教学与科技活动五个领域的融合中，研究性学习这种学习方式，应该始终贯穿整个活动，让学生通过研究性学习活动，形成一种积极的、主动的、自主合作探究的学习方式。

（2）探索出科技活动与学科课程整合的策略，着眼于学生个性发展的需要，挖掘学科教育因素，使课堂教学内容更丰富、更灵活；教学形态得以优化，呈现出多姿多彩、开放互动的态势。

（3）探索出创意发明与科学课堂融合的策略，发展学生的创新性思维，让学生学以致用，促进"创意发明进校园"的发展，提升学生的核心素养。

（4）成立特色学生社团，探索出利用社团活动将科普教育从普及到提升有机融合的策略。

（5）探索出科学实践活动与校本课程融合的策略，促进学生、教师、学校的全面发展。

（6）探索出在学校整体活动中凸显科学与工程实践教育特色的策略，用心营造校园文化，深化学校的教学特色。

（二）利用相关理论，构筑"为学生的一生打好底色"的格局，促进学生成长

教学研究是否有意义，也在于受教育者（学生）是否在其中有所收获，通

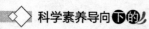
过这个课题，使学生获益良多。

（1）科学教育促进了学生的科学爱好与特长的发展，其中绝大部分学生有"最喜欢的一种科学活动，最喜欢学习的一门科学课程，最喜欢读的一本科普读物"。许多学生的个性与科技特长也得到了发展，他们在各级各类科技竞赛中屡屡获奖，其中在首届广州市青少年"乐创空间、我行我秀"科技主题实践活动中，我校师生积极参与，经过筛选，有8篇科技小论文、10篇科幻作文、2篇班队活动设计、8个"精明眼随手拍"、8幅科幻画、10个科技小制作，获得越秀区综合科的推荐，参加2015首届广州市青少年"乐创空间、我行我秀"科技主题实践活动比赛。经过层层筛选，现场答辩，周峥同学的"自动意大利面机"、程曦同学的科技小制作"计时水漏"获一等奖。还有创意设计与制作一等奖1人，二等奖2人，三等奖3人；创意精明眼三等奖3人；科技论文三等奖2人；科技创意作文二等奖6人，三等奖3人。我校是我市获奖最多的学校，受到教研室李奚老师的大力表扬。

在工程实践方面：学生发明作品"勿忘我U盘"获越秀区第一届中小学生师生发明大赛一等奖；百名学生参加区越秀区科技创意与发明竞赛活动，其中有近100人获奖，铁四小学也因此被评为优秀组织单位。

在科学实践方面：铁四小学就广式凉果开展了系列研究，科技活动案例"借力科技转危为安　擦亮广式凉果品牌——广式凉果食品添加剂调查及二氧化硫去除研究活动方案"在第二届广州市青少年科技创新大赛上获二等奖，同时，该方案还在第二届广州市青少年科技教育活动案例征集评比活动中获二等奖。我校就校园凤凰木开展了系列研究，在广州市青少年科技创新大赛中，我校"科技探究"小社团的科技实践活动"我的校园我做主——校园凤凰木病虫害及生物习性的研究实践活动"获市二等奖，同时，该活动案例在第三届广州市青少年科技教育活动案例征集评比活动中获一等奖、广州市第七届中小学综合实践教学成果评比中获一等奖。在市区各级"科学小星星"小学生科学专题探究活动中，多次获区一等奖和广州市二等奖。

（2）教学手段多样化，适用于学生不同的要求。千差万别的学生，内心需求多样，知识基础多样，智能倾向也是多样的，对他们统一要求、统一方法、统一过程、统一结论，只会压抑学生的个性发展。为此，我们在教学中通过不同的学科、不同的活动，根据教学内容及学生的智能倾向设计教学形式，充分调动学生的学习积极性，使他们在很好地收获知识的同时，发展终身学习的能力。

（3）多元评价体系的建立令学生受益匪浅。积极开展多元评价活动，从评价目标具体化、评价内容全面化、评价方法多样化三个方面入手，正确地评价学生，从而为学生的有效发展提供指导依据。

（三）确立课题的实践研究思路，拓展并延伸课题研究成效

人们常说，"一个好老师能改变孩子的一生，一批好老师会影响一代人的成长"，本次课题研究首先改变了教师。

1. 教师教学理念的提升带给教师全新的育人观念

我们组织教师学习了大量的理论书籍，提高了教师教学的理论水平。

2. 持续的交流，不断的学习提升了教师教与学的水平

课题研究的过程可以说是一个开放的过程，一个互相学习和研讨的过程。在每学期的期末我们都会举办课题研究的心得交流会，在交流中，各课题组成员互相取长补短，就自己在实施过程中的经验教训畅所欲言地进行讨论，从而进一步明确今后开展课题研究的方向和策略。每次的评课现场是课题组最热闹的时候，每次大家均能"知无不言，言无不尽"地畅谈一节课的优缺点，而后以交流论文的形式开展研讨，将以往简单地一说了之的内容上升到理论的高度，既让执教的教师有所受益，又能提高课题组教师的教科研水平，一举两得。

3. 形成了科学探究"三台阶渐进式"教学模式

我校科学科程通过实践，摸索出了一套在科学教学与科技活动融合的"三台阶渐进式"的教学模式。第一个教学台阶：学会质疑，掌握技能方法；第二个教学台阶：分解训练，促进探究水平完善；第三个教学台阶：深入探究，提升创新能力。这三个阶段可以不断提高学生的科学探究能力和科技创新水平，同时也注意在学生的探究过程中定位好教师的角色——做学生研究的导航者、做学生研究的服务者，着力于促进学生科学探究能力的提高。

通过科研活动，我校综合科的教师迅速成长，骨干教师已成为学科带头人：成艳萍副校长2015年被评为广东省特级教师、全国青少年航空航天模型教育竞赛活动优秀辅导员，黄伟延老师被评为全国无线电竞赛优秀辅导员，吴秋琳老师获第二届广东省青少年环保创意大赛优秀指导教师。

4. 成果的推广应用，促进了区域科学教育的发展

本次研究提出将科技教育与科学课堂整合起来的策略，改变了当前科学教学与科技教育各自为政的现状，强调参与"科学与工程"的实践是科学学习的基础，让学生通过参与各种实践活动来学习科学，将科学教育真正落实到生活中、落实到青少年的心中，让科学教育发挥其作用使学生理解科学的实践的本质，既减轻了教师的工作负担，又丰富了学生的课余生活。越秀区青少年科技协会将成艳萍副校长这种科学教学与科技活动有机整合的理念在区域科学教育中推广，推广使教师的学科教学水平和科技教育能力都有了很大的提高，促进了科技教师队伍的优化，一支高质量的教师队伍逐渐在我区形成，对提升我区科学教育水平起到了重要的作用。除此之外，在我区多所小学对课题成果进行了推广应用，产生了积极的意义。

教师的改变，也成就了学生的成长，一批又一批学生通过教育提升了文化素质、劳动素质、社会意识、身体素质，也对社会产生了更大的效益。

（四）在课题研究实践中，培养了一大批科研骨干教师，提升了学校的整体办学水平

1. 加强了家校互联，形成了立体的教学体系

教育不能单靠学校，本次课题研究通过学校教育、家庭教育、社会教育和自我教育，形成了立体式的教育体系，既体现了科学来自生活的理念，也让学生能将所学的科学知识用于生活，加强了教育的实效性。

2. 教科研的纵深发展，提升了学校品牌

以校为本，扎实有序地开展教科研活动，深入推进新课程实验，为学校可持续发展、提升品位注入了源源不断的新活力。特别是学生走出校园，向家人及社区居民传播科学知识，这不仅有效地抵制了封建迷信的传播，还有利于社会的发展，提升了学校的品牌。

3. 经验的总结与撰写，让科研成果更具可复制性

教育是可以通过科研来提升的，本次课题研究，教师撰写了大量的案例和论文，其中《创客教育：小学科学课程与科技活动相融合的桥梁》一文分析了传统科技教育与科学课程教学的优劣，通过将创客理念渗入课堂，促进教学的模式转变；打造创想社团，建立大教育观下的校本课程；扩展教育形式，建构大融合的教育新格局等，展示了利用"创客教育"这个纽带将科学课程与科

技活动结合起来，培养适应知识发展和技术进步的社会人的意义与方法；论文
《信息技术设备在STEAM教育中应用与实践——以小学科学与工程实践教学为
例》则提供了科技教育与科学课程教学融合的有力工具——电子书包技术、数
字化实验技术和3D设计打印技术等，分析了新型信息技术设备的具体应用，
给科学与工程实践教学带来了新的生机与活力；论文《以科学与工程实践为支
架，为培养学生低碳观念而努力》则重视立德树人，分析了如何利用科学与工
程这一支架进行德育教育，在完成教学目标的同时，有效地促进学生低碳观念
的形成。论文《工程教育实践中勿忘科学与数学》从有些工程教育实践过于偏
重技术而忽略了其背后的科学原理及数学基础的现象入手，阐述了在工程教育
中要注意融合数学思维方法及科学的探索方法，让学生像工程师一样按照特定
的目标进行设计，然后遵循一定的规律或标准进行实践，在实践的基础上不断
反思、修正，直至最后制造出产品。

2

课改前沿

第二篇

创客教育：小学科学课程与
科技活动相融合的桥梁

☑ 成艳萍 ☑

当前，知识的发展和技术的进步对人们提出了越来越高的要求，要想适应时代的发展，就应具有良好的科学素养和实践能力。时代的发展对学习提出了新要求："人们除了学会理解并使用各种类型的知识外，还应使之有所增长。"（Paavolaetal，2005）这个全新的理念转变了我们对学习的认识，也深远地影响着我们学习的步履。

培养学生的科学素养的主渠道是学校，培养途径主要是科学课程和科技活动。目前，小学科学课程既强调知识性与系统性，又强调用有目的的探究来获得知识，达到传授知识的目的；而科技教育活动所独有的趣味性、实践性和创造性深受学生的喜爱，但因缺乏教师编制与课时安排，存在时间不确定、师资无法保证、内容不完善等问题。在中小学开展创客教育，正是借鉴《K-12年级科学教育框架》中"科学与工程实践"这一维度，搭建起一座科技教育与科学课堂连接的桥梁，让"创客"这种涵盖多学科、多课程融合的教育在科学教育中围绕应用知识去组织教学的活动，开拓科学探究与创新实践的新路径，着力鼓励学生在学习过程中不断创造，让学习的过程变成创造的过程，培养学生的科学素养。

一、创客理念渗入课堂，促进教学模式的转变

创客教育强调"人人都是制作者（maker）"，这种观念正好弥补了传统教育"重理论、轻实践，重动脑、轻动手，重学习、轻应用"的不足，强调重视知识的创造，而不是一味地只关注知识的传承。这里的创造可以是一个实物，也可以是一份研究报告，让课本的知识通过学生的实践变成生活中的一部分。

1. 在教学方法上进行创客实践，通过建构问题课堂推动创客式课堂模式

我们的教材有着严谨的编写结构，每一课学生要掌握哪些知识点、掌握到什么程度都有着严格与详细的规定，然而，教材中却没有学生想学什么、怎样能获得这些知识并将这种方法迁移应用的要求。对此，在课堂中建立"问题式创客课堂教学模式"，通过以问题为主线，围绕"问题"，师生经历"提出—研究—解决"的教学流程，达到以生为本、以学促教的目的。为了解决问题，学生往往要付出许多劳动——只有通过查找资料，才能在课堂中就相关问题进行讨论和交流；通过尝试研究、实验检测、应用改进等步骤，才能把问题解决得更完美。通过这一系列劳动，学生将改变原来单纯听教师讲授的学习方式，变为培养自身学习的自主性、合作性、探究性的能力。从"教师一言堂"向"师生问题导向型"课堂发展。例如，在《运动与力》这个单元中，一共有8个课时，包括拉力、弹力、反冲力、摩擦力、机械结构等知识，如果围绕知识点来按课时组织教学，不但知识点琐碎，活动也很死板。如果将这个单元整合成"如何设计一个跑得又快又远的赛车"的学习主题，学生围绕这一主题，争相了解相关知识，相互合作，亲自动手，细致地操作以及反复试验，像一个个小工程师一样，那么教学效果就好多了。

2. 重组教学内容，整合教学目标，形成科学与工程实践相结合的课堂流程

传统的教学一般采用点对点式，学生在不同的学科、同学科不同课时中获得的知识点往往是单一的、零散的。因此，学生不能站在一定的高度俯瞰全局，学习目标不明确，只满足于听课与知识，这种学习方法是被动的或者是无目的的学习，久而久之会导致学生不会思考、思维能力退化。新课程提倡学生经历学习过程，通过探究学习和合作学习的方式，转变学习角色，由一味地听从安排转变成自己思考、自己设计，实现自我成长，才能引领学生进入一个自我学习的新境界。例如，六年级科学课有一个单元叫《形状与结构》，这是一系列十分典型的科学探究，还有许多关于力学、材料学的内容，如果全部单独教授远不如整合探究的效果好，于是，我设计了符合学生环境认知的学习流程，让科学探究有了落脚点，整合这些教学目标形成一个总的活动：设计一座桥。在这个研究过程中，教师给学生自由发挥的空间越大，学生投入的热情越高，思维也就越活跃。为了达到更好的应用效果，学生在设计思考中不断寻求创新：有的小组从形状入手，详细分析纸桥的造型，分别从三角形、矩形、梯形、拱形等入手，甚至采用复合截面的形式；有的小组重点观察桥梁受压被破坏的位置，观察施压过程中结构点、纸梁、杆件等受破坏的状况，从而寻找改进的措施；有的小组从内部结构入手，关注桥梁设计形式是否合理，桥梁各构件的协调是否到位。学生制造的一个个小小的纸桥使用了各自学到的科学原理，能够承受上百公斤的重量，体现了结构和力学的完美结合。教学内容的重新整合，使学生有了更多的时间和空间进行深入的思考、自主探究与不断交流，这不仅有利于学生创造性思维的发展，而且使学生的思想观念和学习方式等也发生很大的变化。

3. 在教学技术支撑方面各取所长，促进科学实践课堂的实效性

利用科学知识开展工程实践的过程是一个让学生自主探索、自主研究从而自主发现的过程。过去，我们教学的主要功能是让学生通过听课掌握知识，这些知识在学生查阅资料、设计方案、动手制作的过程中也会涉及。切实可行的学习流程、有效的技术手段才能让学生通过探究构建知识、领悟科学研究的方法。技术设计的过程实为探究实际问题、提供解决方案的过程，这样的学习是一个富有个性的生命历程。例如，让学生设计一个太阳能热水器，在这个过程中，教师要为学生提供适合的技术手段作为支撑，学生才能充分地开展工程实践。有的小组要研究太阳能的"容器"——集热器，教师为学生提供"智慧校园"平台，让他们随时随地查找、分析平板型集热器、真空管集热器、热管式集热器的优劣点；有的小组主要研究贮水的管道——贮水箱，教师为学生提供数字化电子测试仪，让学生通过详细的数据分析白色、银色、蓝色、黑色等不同表层颜色对水温的影响；有的小组从凸透镜能够会聚光线的原理入手——使用多个凸透镜会聚光线，令集热器获取更多光能，这时，学校科学实验室中各种器材、设备就能帮助他们，让他们的实践更充分。学生在这个过程中借助不同的技术手段，不断尝试、不断反思，从而获得光的反射、光的强弱、光照产生热等知识。同时，他们还学会用已学的知识进行新的知识创造，去解决生活中的问题。因此，在这样的创客教育中，学生不但收获了知识，更收获了学习知识的能力，让他们可以有机会体验自己作为一名"小小发明家"的责任感与成就感，满足他们的好奇心与求知欲，有利于学生身心的进一步发展。

二、打造创想社团，建立大教育观下的校本课程

创客教育是涵盖多学科、多课程融合的教育，它很适合在学校中围绕应用知识去组织各类活动，开拓科学探究与创新实践的新路径，从而促进学生创造性思维能力的培养和提高；技术本身的含义决定了技术教育具有根据实际经验和自然原理进行设计，使用某些方法、技能，从而实现产品物化的特点；技术教育涉及工艺过程、作业程序和产品的制作，因此技术发明也是一个创造性的活动，渗透着创造性思维，进而将思维的成果加以物化。课堂是学校教学的主阵地，而关注学生的个性发展，充分体现师生的自主性和创造性的校本课程则是大教育观下学校教育的有效补充。我们针对学生的兴趣和需求并结合学校的优势和特色，充分利用学校和社区的课程资源，成立了"我的创想"社团，其中包括3D打印、电子制作、无线电测向、生活与发明等社团，并邀请大中院校、科研机构、科技企业的人员加入"筑梦导师"的队伍，这些人员进入社团担任辅导员，开展各类活动，让知识创造的过程始于个人，通过个人头脑中的隐性知识转变成大众的知识，从而使学校更好地体现办学特色，让学生更加全面、和谐、有个性地发展。

三、拓展教育形式，建构大融合的教育新格局

通过拓展教育形式，开展校内创客综合性活动，建立校外学生实践体验基地，通过观摩、操作、互动与交流等多种方式，给学生带来科技体验、社会体验、文化体验。这样的整合，有助于加强科学课程与社会及生活的联系——技术以科学为基础，以解决社会生产、生活中的实际问题为目的，技术与社会、生活保持着紧密的联系。学生从个人的质疑、实践开始一步步地走向集体和社会，将简单的观念拓展为复杂的活动目标或形成一种新的实践形式，从而形成新的活动框架和系统。多年来，我校坚持开展"创客嘉年华"活动，为学生搭建展示和交流的平台，让学生们将自己平时学到的科学知识运用到游戏中去，展示自己科学与工程实践的成果，不断激励他们进行自主学习，应用科学知识进行思考、分析并解决实际问题；在参与活动的过程中引导学生思考、实践，引导学生关注科技热点，激发学生的创新思维，培养学生的团队合作精神，使学生感受科技学习的快乐和成就感，也让技术教育成为科学、生活、

社会相互联系的纽带与桥梁，使科学教育"走向生活"的基本理念更好地得以落实。

科学和技术相互依赖，又相互促进，"现代的技术更加科学化，科学与技术逐渐一体化"已成为现代科技发展的新趋势。创客的兴起促进了学校教育"基于创造的学习"的发展，"创客教育进校园"降低了创新门槛，有利于鼓励学生在学习的过程中实践，勇于创造，让学习的过程变成创造的过程，让更多学生积极地参与工程实践，实现人人创新、全民创造，给我们的教育带来了更多机遇与挑战。

信息技术设备在STEAM教育中应用与实践

——以小学科学与工程实践教学为例

✂ 成艳萍 ✂

"科学与工程实践"一词来自美国《K-12年级科学教育框架》，这种强调科学教育应更加重视实践的理论逐渐被各国科学教育界认可，也被我国2017年的《义务教育小学科学课程标准》采纳，认为"小学科学是一门实践性的学科"。《义务教育小学科学课程标准（2017年版）》还倡导近年来国际上流行的跨学科学习方式，即STEAM教育（科学、技术、工程、艺术、数学）。STEAM教育以课程为核心，以项目学习为主要学习方式，从小培养学生动手、创新、综合运用科学知识的能力。然而在实际教学中，如何有效地将科学知识的学习与科学实践及工程设计实践融合起来一直是教学中的"瓶颈"。随着信息技术的迅速发展和新课程的不断推进，不少新教学技术在教育信息化和教改的浪潮中应运而生，电子书包、3D设计打印和数字化实验仪器有效地解决了教学中的疑难问题，给科学与工程实践教学带来了新的生机与活力，带动了科学实践的有效发展。

一、电子书包技术提供了科学探究的沃土——泛在学习环境

STEAM教育强调多学科的交叉融合，倡导一种"让孩子自主探究，完成他们感兴趣并与生活相关的项目"的教学理念。科学课程倡导"探究式学习"的基本理念，但是在很多探究活动中，学生在没有既定的概念，教师又不能提供丰富资源和有利的工具时，探究常常会无从下手，这种无处探、无法探的假探究形式，并不能促进学生科学核心素养的发展。电子书包的出现为学生的科学探究提供了新的支持。电子书包是一种以网络、移动设备为基础，集互动教学软件、教学资源、云教育平台于一体的电子学习设备，以保证学生能够很便利

地得到自己需要的学习资源，构建一个泛在学习（Ubiquitous Learning）环境。泛在学习环境能为学生提供丰富的学习资源和探究工具，学生不用花大量的精力去研究学习过程中所使用的工具与技术，能够专注于探究的本身。同时，电子书包也能为学生提供丰富的学习资源和探究工具，网络模拟仿真技术能将物体内部结构和实验时无法观察到的发展变化过程展示出来，这时科学理论和可视化的经验基础就为学生解决问题提供了依据。例如，六年级的《在星空中（一）》一课中，要求学生认识星座并制作星座模型，这对于生活在城市中，常年都无法看到几颗星星的学生来说，几乎是很难理解的，当借助电子书包这一学习设备后，教学就出现了转机：首先，在教学情境设置时，电子书包丰富的图像、音频组合给学生提供了想象的空间，激发了学生想象思维的碰撞，有效地提高了学生的学习兴趣。在探究前期，教师做出预案，建设泛在学习环境，为学生提供可能需要的各种星座资料，学生根据自身需求，在学习过程中还可以利用网络技术支持获取其他有针对性的探究资源。在探究过程中，学生利用绘图工具，绘制天空中某一区域星星组合后的形状，想象其形状并为其命名；不同的学生有着不同的思维能力和方式，在相同的探究时间里，电子书包中预设的各种层次的探究问题能让普通的学生集中精力解决基本的探究问题，让思维活跃且探究较快的学生向更深层次问题进行探究，注重个体差异，从而解决了"学困生吃不到，优生吃不饱"的探究难题，有利于改善以往科学探究过程中秩序乱、效率低和进度不一等不利的局面。在探究反馈环节，学生可以自由浏览各组发布到资源库中的探究成果，针对各自的疑问在线提问，也可以全班学生共同观看并聆听某组学生的汇报，这种点面结合的汇报形式，在自主探究的基础上让交流与协作变得更加有效，让每名学生自觉地管理自我，调控自己的探究过程，从而获得有用的信息并进行思考、分析。学生通过个性化的学习，也为后续星座模型制作做好铺垫，从而使学习方式回归到"以人为本"的基础上。

二、数字化实验技术突出了科学探究STEAM教育的本质精髓

数字化实验技术主要是指基于传感器的实时数据采集和基于计算机数据处理软件的计算机建模和图像分析技术。自从浙江省2006年首次发布《高中理科实验数据采集系统配备方案（试行）》的文件后，数字化实验仪器逐渐由中学

向小学延伸，由科研机构逐渐向一线课堂进行普及。

小学科学知识目标包括物质科学、生命科学、地球与宇宙科学、技术与工程四个方面，覆盖面广，知识量大。在科学探究方面，要求学生经历"提出问题、做出假设、制订计划、搜集证据、处理信息、得出结论、表达交流和反思评价"这几个步骤来获得知识，发展能力，提升科学素养。当科学与工程实践融入STEAM教育框架后，遵循科学探究的流程或工程实践的路径——"探索—设计—创造—尝试—改进"成为研究的主流步骤。然而，对于教材中一些离现实比较远、受设备或学生认知水平限制，较难达到的探究内容，很难通过准确的探究反映知识以获得事物的本质，这时候恰当地运用数字化技术，实现科学知识和数字化的整合能较好地化解以上矛盾。下面就是笔者整理的可以通过数字化实验技术实现的课程研究内容（见表1）。

表1　通过数字化实验技术实现的课程研究内容

年级	单元	可使用的数字化实验仪器
三年级上册	植物	—
	动物	—
	我们周围的材料	—
	水和空气	气压传感器
三年级下册	植物的生长变化	
	动物的生命周期	
	温度与水的变化	温度传感器、数码天平传感器
	磁铁	磁场传感器
四年级上册	溶解	盐度传感器
	声音	声级传感器、声波传感器
	天气	温度传感器、风速传感器、相对湿度传感器
	我们的身体	呼吸传感器、心电图传感器
四年级下册	电	电流传感器、电压传感器
	新的生命	—
	食物	色度计
	岩石和矿物	—

续 表

年级	单元	可使用的数字化实验仪器
五年级上册	生物与环境	PH传感器、氧气传感器、二氧化碳传感器
	光	光强传感器
	地球表面及其变化	—
	运动和力量	力传感器
五年级下册	沉和浮	力传感器
	热	温度传感器
	时间的测量	光电门传感器
	地球的运动	—
六年级上册	工具和机械	力传感器
	形状与结构	力传感器
	能量	电流传感器
	生物的多样性	—
六年级下册	微小世界	—
	物质的变化	二氧化碳传感器
	宇宙	—
	环境和我们	PH传感器、盐度传感器

对于这些内容，学生的探究工具既可以选择传统的实验设备，也可以选择数字化科学实验仪器，然而，当某些探究的实验希望达到操作化繁为简、显示变化趋势、测量结果清晰明了等要求时，数字化实验技术就具有无可比拟的优势，具体体现在以下几个方面。

1. 日常只能定性，不能定量的实验——客观+可视

在五年级《热》这个单元中，探究物质导热性的差异，以往传统的实验靠手摸感受，学生只能用"我觉得谁比谁强""我认为谁的传热性好"这样感受性的语言来讲述实验结果。同样，在探究五年级《光》这个单元中，探究影子大小与物体形状、距离远近的关系时，学生只能产生"大、比较大、小""物体离光源近一些影子就大一点儿"这样模糊的概念，在很大程度上，结论的产生要依靠学生的主观推理，这与科学实验的严谨性极不相符。采用数字化仪器开展这类实验后，各种物质受热后在极短的时间内温度的上升，客观地反映出它们导热性的强弱；相同物体离光源远近不同时，影子的大小差异清晰地反映了光影间成正比的关系。借助数字化实验仪器的帮助，不但扩大了实验的范围，而且客观真实地产生了科学结论，这对学生的探究实验有着重要的促进作用。

2. 观察时间长，需要了解变化趋势的实验——实时+动态

在"制作一个保温杯"的学习中，受传统实验器材的影响，教材只要求学生测量自己制作的保温杯中5分钟以内水的降温幅度。但事实上，对于保温杯，人们更看重它4个小时、6个小时内的保温效果。为什么课本中没有要求学生对水温进行测量？这是因为在这个时长中，学生如果测量的次数不足，就无法显示准确的降温曲线；如果测量次数过多，则会影响学生正常的学习生活。使用数字化实验仪器，电脑可以实时记录并存贮大量的测量数据，做到实验过程发生变化的同时同步采集数据，这些数据点连成的曲线能最直接地反映水降温的规律，能将变化过程通过曲线即时地呈现出来，帮助实现数据的实时采集和动态处理。这样，学生就可以快速而方便地获得大量信息，通过分析得出科学的结论。同时，学生在此基础上反思自己设计的方案：到底是什么原因导致了保温效果的差异？借助数字化实验设备，我们就可以研究变量与结果、设计与现象之间的关系，研究不同的设计对水温前期、中期和后期变化的影响，这样就方便了学生研究变量之间的关系和规律，对于进一步改进自己的设计起到非常重要的作用。

3. 现象不明显，肉眼观察误差大的实验——准确+综合

在"摆摆动得快慢与什么因素有关"的探究中，如果要严格控制实验环境，学生必须让摆一开始的起始幅度小于15°，然而，当摆持续摆动后摆幅会越来越小，这样，学生在记录摆动次数时就有着极大的困难。如果改用数字化设备，由传感器感应小球经过的次数，就能把观测实验数据的误差率控制在0.5%以下，这完全符合科学探究中对实验数据准确度的要求。同时，现有的数字实验设备的采集器有多种测量数据的显示模式，如数字显示、指针显示、实时曲线显示，学生可以针对实验不同的数据需要进行选择，同时采集仪可以记录检测过程中各时段的实时数据，学生在实验后可以查看整个过程或任意时间的实验数据，在综合分析数据时更有针对性。而在一些复杂实验中，如"植物的光合作用"，数字实验设备在采集实验过程中各时段的实时数据的同时，还能采集氧气、二氧化碳、水蒸气等多种气体的数据，设备检测比以往单一检测某类数据的传统仪器在实验应用时更加便利。

科学探究活动是科学学习非常重要的形式之一，它的核心是通过探究帮助学生获得科学方法并发展科学思维，然而探究过程环节多、耗时长、影响因素多，学生注意力有限、动手能力不足等制约了探究活动的开展，结果并没有达到我们预期的目标。而数字化实验技术，作为新的认知工具可以突破实验复杂、耗时等局限，还可以把学生从繁重的数据读取、记录、曲线绘制等环节中解脱出来，去经历科学发现的过程，在合作与交流的过程中体验更加真实的科学探究。同时，数字化技术可以直观地、动态地、可视化地呈现实验信息，让原来部分实验由具体形象感受向数据抽象逻辑分析转化，促进学生从具体形象思维向抽象逻辑思维转化，也更有利于学生创造性思维的发展。特别对于STEAM教育中的技术与工程领域，在"对作品做出评估"这一环节，数字化仪器可以精准地测量相关数据，为进一步改进和完善作品提供有力保障。

三、3D打印技术促进了科学探究的STEAM教育的跨学科纵深发展

STEAM教育的核心理念是跨学科融合，是通过知识背景，让学生综合运用多学科的知识，创造性地解决问题。在这个过程中，如何让科学、技术、工程、数学与艺术紧密地联系起来？3D打印技术，拓展了一个新的空间：3D打印技术又称"快速成型技术"（Rapid Prototype），是一种以数字模型文件为基础，运用粉末状金属或塑料等可黏合材料，通过逐层打印的方式来构造物体的技术。3D打印技术的应用使得过去难以实现的STEAM科学与工程实践类型的设计成为可能，例如，六年级有一个科学与工程的研究内容——"设计一座桥"，这要求学生在《形状与结构》单元学习的基础上设计一座综合考虑形状、承重等因素的桥梁。在进行探究之前，教师借助3D打印技术为学生创建"体验式探究空间"，让学生先打印设计桥梁的局部：有的小组从形状入手，详细分析桥的造型，分别从三角形、矩形、梯形、拱形等形状入手，甚至采用复合截面形式；有的小组重点观察桥梁受压被破坏的位置，观察施压过程中结构点、纸梁、杆件等受破坏的状况从而寻找改进的措施；有的小组从内部结构入手，关注桥梁形式是否合理，桥梁各构件的协调是否到位。3D打印技术的应

用既给学生提供了体验的空间，也让知识的运用成为可能：学生主动参与真实的实践活动，在实践活动中，3D打印技术让学生的想象变成现实，学生将自己的创新设计或想法以可视化的方式呈现给教师和其他同学。在研究的过程中，学生借助实物的触觉体验，相互学习，通过对模型的测试，不断尝试并进行二次设计，在快速打印实物功能的支持下，学生可以在创新设计环节投入更多的时间和精力，让我们的科学与工程探究研究成为"玩中有做、做中促学、学中改做、做中立创"的全新形式，激发了学生投身于技术和工程领域的热情，提升了其参与"科学与工程实践"学习活动的信心，让学生的想象得以实现，促进学生创新能力的提升；通过批判、评估和测试他们的想法或产品，理解和应用相关项目学习事项、技能和流程，进而实现创新设计和创意智造。

四、结语

新教学技术的应用在"大众创业、万众创新"的时代背景下，STEAM教育在我国中小学中从最初的萌芽到现在的蓬勃发展，离不开各种新信息技术设备的推动。虽然有的地方过分关注这些新教学技术形式化的酷炫，但我们不能否认新教学技术的应用在小学科学教学中取得了比较明显的效果；对广大师生来说，能促进教师的教学形式、学生学习方式的转化，让学生亲自参与体验各种活动，能够更深刻地体会STEAM科学学习的特点，从中深刻理解科学和工程的核心概念，促进从科学"概念"到学科核心素养的提升，让科学学习实现从"科学与技术"到"科学、技术与工程"的整合，实现从"探究"到"实践"的跨越。

新技术支持下的参与式学习新体验

——微信小程序辅助小学科学教学的思考与实践

❧ 成艳萍 ❧

从PC互联网时代的应用程序、Web网站到移动互联网时代的APP、各类订阅号、服务号，再到人工智能时代的语音、视觉、手势等交互程序的应用，随着互联网、智能终端技术的快速发展，各类程序应用的形态也在不断进化，日益更新。其中，微信技术作为一种应用服务，是从移动互联时代迈向人工智能时代的新创举，因特点鲜明，一举占领了应用程序的市场。在教育领域，随着信息技术的迅速发展和新课程的不断推进，小程序在教育信息化和教改使用的浪潮中应运而生，特别是在创建参与式学习的过程中，小程序更是有着广泛的用武之地，前景一片光明。

一、微信小程序简介

1. 什么是微信小程序

微信小程序简称小程序，英文名Mini Program，是一种不需要下载安装即可使用的应用。它作为微信发展的新功能，于2017年1月正式低调上线，在这里，用户可以体验到各种各样小程序提供的服务。小程序成为人与人、手机与应用软件、人与物、线上与线下、现实与虚拟空间的接口。

2. 微信小程序的特点

微信小程序因具有以下优点体现了迅速崛起的势头：①不需要安装——实现了人们对应用"触手可及"的梦想，用户通过"搜一下"或者"扫一扫"就可以方便地找到并打开应用；②不占手机内存空间——人们再也不用考虑安装太多应用程序的问题，很好地解决了众多用户手机内存不足的困扰；③使用极其简便——体现了"想要就搜，用完即走"的理念，无须安装、卸载，界面还提供曾经使用过小程序的名称；④服务广泛——应用无处不在，至今已经上线的应用小程序约58万个，随时可用；⑤大多数免费——有超过100万的小程序开发者，超过1.7亿的使用者，便于分享和传播。

3. 微信小程序教学应用的前提

作为深受教师欢迎的极简教育技术，微信小程序使用十分方便。如果想寻找小程序，只需打开微信—"发现"—"小程序"—"搜索"，找到相应的小程序就可以使用。通过手机画面投射到一体机或屏幕上，还可以实现手机内容与教学的同步。现行手机投屏有四种方法，分别是有线的，如通过手机助手，手机—电脑—投影，或者通过同屏器，手机—同屏器—投影；无线的，如通过软件（希沃授课助手、苹果录屏大师等）直接连接，通过同步设备屏幕的产品（SSK推屏宝等）连接屏幕。

二、教学应用的意义与实践

参与式学习的前提是将学生放在教育教学活动的主体位置，教师通过组织、设计活动，全面调动学生积极参与创造性学习，发展的教育理念和教育模式。参与式课堂教学要求教师使用灵活多样、直观形象的教学手段，鼓励学生作为自己学习的主人积极参与学习过程。通过加强教师与学生之间，以及学生与学生之间的信息交流和反馈，使学生能够更深刻地领会和掌握所学知识，并能将这种知识运用到实践中。参与式学习注重学生的学习体验，适当地使用微信小程序能让学生有更多自由思考的空间，让学生有选择上课方式、安排学习进度的权利，大大提升了学生参与式学习的体验值。

1. 巧借小程序提高课堂教学的组织性

在小学科学学习中，学习是一个很重要的过程，以往我们对学生学习成果的检测大多是通过期末一次终结性考核来判定学生成绩的好坏，由此也带来了诸多问题：因考试试题难易、学生个性差异等原因，学生期末考试成绩的好坏并不能完全代表学生的学习成果。为了解决这些问题，教师们尝试在期末考核中增加平时成绩来弥补一些不足，但平时成绩的评定又缺少原则和标准，因为记录不完善，学生无法了解到学习过程的重要性，导致学生对学习缺乏主动性，课内不听、课外不做。特别是一些知识点繁多、概念抽象的教学内容，又或者是一些与学生日常生活经验较远的内容，对学生的学习能力有一定的要求，理解掌握相关知识有一定难度，易使学生积极性受挫。而通过微信小程序，教师可以轻松实现随机分组，实时进行教学互动、答疑和个性化指导，使学习资源和学习心得共享。例如，平时小组合作有以座位分布、固定人员的特点，这就导致学生对分组学习兴趣不大。如果引入小程序"分组宝"，在分组之前，教师规定好组的数量，每组的人数，学生随机进入不同的级别，根据系统的随机号分成本次小组汇报的组织者、发言人。集合众人之智建立新的生生联系的小组学习，让每个学生有公平锻炼的机会，营造可持续学习的氛围。例如，在《地球与宇宙》单元的学习中，教师通过小程序"天文达人"检测学生对概念的理解；教学结束后，教师通过自主命题进行检测，可以很好地了解学生的学习收获。整个教学过程就被有机地记录了下来，提高了课堂教学的组织性。

2. 善用小程序，促进多元互动交流

课堂互动是指围绕教学目标的实现，调动课堂教学中的各项因素，以形成彼此间良性交互作用的整体性动态生成过程。传统课堂中最主要的互动主体为教师与学生。随着信息技术的融合，互动形式更加多样和丰富，包括教师、学生、内容、技术四者之间的6种互动模式（师生互动、生生互动、学生—内容互动、教师—技术互动、学生—技术互动和混合式）。互动的内容更加全面和深入，包括认知互动、情感互动和操作互动。由于微信小程序用生动的表达技术更多地融进了先进的信息处理、加工理念，使全新的课堂教学行为中的互动相比传统课堂更加多样、准确、快速，进一步促进了深度学习的发生。例如，课堂教学的提问环节，教师习惯以PPT播放问题为主要教学形式，但对学生的回答在实时反馈上未能起到较多协助作用。因此在此环节，使用微信小程序，结合教师的实际需求与学科特征，开展"扫一扫"二维码即可投票或参与讨论的形式，实时查看和统计结果，就可以加强对学生学习情况的学情诊断，进行学生互动监控与分析。同时，还可以帮助教师及时了解课堂实时状态，调整教学策略或实施新的教学干预，开展精准互动。

3. 精选小程序，助力课后在线学习

课后拓展学习是小学科学教学的一个重要环节。然而多年来，因受活动时间长、变化多、学生活动过程无法得到精准指导等因素的影响，拓展学习的开展并不尽如人意。引入微信小程序后，就能改善传统的学习流程，克服这些弊端。例如，利用小程序"小打卡"构建交流平台，创建学习小圈子，将参与该活动的所有学生加入该圈子中。首先，教师将本节课的知识点整理成选择题，要求学生通过小程序进行自主学习，之后进入"课堂作业"模块完成教师所留的作业，学生提交作业后，教师即可通过小程序看到每名学生的答题结果，教师及时将结果反馈给学生，帮助学生巩固知识要点。其次，教师鼓励学生在圈子内发表小程序相关主题，向教师和同学提问，同时，教师在圈子中发布教学信息、分享学习资料、回复学生提问，并将经典问题设置为精华内容。最后，教师通过学生在"课程作业"模块的答题情况，以及主题阅读报告的完成情况对教学效果进行评价，在小程序中添加"作业展示"模块，将优秀作业进行展示，体现并记录学生的学习过程。经过多次教与学，小圈子中会积累丰富的知识与经验内容，既可供新生参考学习、快速入门，也可供老生交流探讨、深化提高，最终形成一个有生命力的交流学习平台，促进教学的良性循环。

三、结语

随着信息技术的发展，教育信息化成为国家信息化的重要组成部分。微信小程序由于具有实时性、多元性、简单方便等特点，已成为一个实时沟通的工具、师生交流的平台、课程补充知识的推送工具，在小学科学教学领域一定会拥有非常广阔的前景。探索小学科学课程与小程序融合的实践，更好地发挥其技术优势，给人们学习和掌握新知识提供了新途径，具有重要的理论和现实意义。

3

教学改革

第三篇

以"规律学习"为中心的教学模式探究

✄ 成艳萍 ✄

一、指导思想

以"规律学习"为中心内容的教学模式是在教师的引导下，学生运用已学过的知识和技能，以新知识探索者和发现者的身份，通过实验亲自去发现问题、探索问题，从而解决问题的一种教学模式。这类课的教学以归纳、概括、推理为基本思维方法，它要求教师不把现存的理论直接告诉学生，而是根据教学目的、要求和学生的认识规律去设计探索方案，积极引导学生以分组讨论、观察实验、课外实践等多种活动去探究科学知识，发展各种能力，从而促进学生综合素质的提高。

二、教学结构和实施

以"规律学习"为中心内容的教学模式的课堂结构如图1所示。

图1 以"规律学习"为中心内容的教学模式的课堂结构

1. 提出问题，明确目标

提出问题是课堂教学的第一个环节。其基本内容是教师根据本节课的教学目标，从学生已有的知识或生活、生产实际出发，提出与新课程有紧密联系的富有趣味性和启发性的问题，引发学生的好奇心，创设探究问题的情境，进而导出本节课的探索内容，使学生在明确探索方向中激发学习兴趣，为下一环节的探索做好心理准备。在教学过程中，我发现要做好"提出问题，明确目标"应当注意：

（1）要紧紧围绕教学目标选好启发学生的突破口。

（2）设计的问题应力求具有趣味性，以激发学生的学习兴趣和求知欲。

（3）实物展示、录像放映、实验等往往是"启发质疑"的有效媒介。

例如，在《种子萌发的条件》一课中，教师先出示几颗种子，问学生："怎样才能让这些种子发芽？"学生有的说要这种条件，有的说要那种条件，到底哪种说法才对呢？这时，学生被难住了，激发起学生解惑的探索心态。于是，教师立即导出了本节课要学习种子萌发的条件，提出了所要达到的教学目标。

2. 提出假设，做出预测

教师向学生提出问题后，引起了学生的好奇、怀疑、困惑和矛盾，从而激发了学生的探究心理，创设了探究问题的情境，促使学生进行资料阅读、分组讨论、实验构思与设计提出某种假设（可能性），做出某种（操作上、现象上的、结论上的）预测。

例如，在《热胀冷缩》一课的教学中，教师提出铜球受热后会怎样的问题后，有的学生猜测："铜球会胀大通不过铁环。"是不是这样呢？教师并没有说出答案，而是请学生认真观察实验现象。在学生的猜测声中进行实验，这种做法能更好地培养学生细心观察的能力。

3. 调动思维，引导探索

在调动思维，引导探索这个环节的实施中，教师依据教学目标，让学生根据自己的设想动手做或观察实验、讨论问题、开展训练，实现以"观"生"趣"、以"趣"激"疑"、以"疑"激"思"、以"思"求"知"、借"知"增"能"，即充分调动学生的感觉器官和思维器官，学生让从感知现象开始，由表及里、由浅入深地获得知识，发展各种能力，提高科学素养。引导探索的途径很多，在教学中，我通常用的有以下两种。

（1）生产实际和生活现象引探。

生产实际和生活现象引探是一种对无法在课堂上进行科学实验再现，直接来源于生产或生活中的知识的引探方法。通过对标本、模型、挂图、照片的观察，或者对来自生活和科学界现象的趣谈，引发学生进一步认识生产原理和科学现象的本质，达到认知目的。

例如，在《月相的变化》一课中，我先引导学生回忆在不同的夜晚看月亮，月亮会有圆缺变化这个事实，然后提出一个问题：为什么会有月相的变化？从而引发学生探索新知识的兴趣，达到教学目标。

（2）实验观察引探。

实验观察引探是反映科学学科的特点，学习科学知识的最有效的引探途径。其基本方法是让学生自己动手做实验或观察教师的演示实验，边观察边思考，得出结论。

例如，《热胀冷缩》一课中，液体受热会怎样呢？我让学生自己利用学具盒中的材料设计实验，得出结论。事实证明，通过实验得出的结论使学生把知识记得更清楚，也记得更牢。

为了提高实验引探的效果，在教学中我注意：

① 重视探索性实验的选择与设计，尽量将演示实验改成学生动手的实验；

② 在实验之始，要向学生提示观察角度，特别是提示学生容易忽略的细微变化；

③ 要重视引导学生对实验现象进行完整而准确的叙述；

④ 要不失时机地引导学生透过实验现象分析其科学的本质。

4. 总结规律，做出结论

学生根据实验事实进行讨论、争辩、提示产生现象的原因；教师和学生共同讨论、去伪存真，把探究目标引向深处。学生通过一系列的思维活动，概括出概念、规律或理论，并使之条理化、系统化。例如，在《热胀冷缩》一课中，通过对固体、液体、气体性质的一系列实验，最终学生自己得出一个结论：物体都有热胀冷缩的性质。

5. 巩固新知，拓宽思路

巩固新知，拓宽思路是引导探索阶段的延续、发展和升华。教师不仅要引导学生归纳本课的主要内容，揭示知识的内在联系和规律，促使学生完成理性认识的飞跃，而且更要提出集思考性、灵活性、综合性于一身的应用问题，拓宽学生的思路，力求举一反三、触类旁通。要达到这个效果，在平时要注意：

（1）知识的拓展要密切联系生活，要紧紧围绕教学目标展开，切忌离开教学主体内容乃至不着边际或钻"牛角尖"式的拓展。

（2）拓展问题的设计思路要适合多数学生，不可过难而挫伤了多数学生参与问题拓展的积极性。

三、教学中处理好三个关系

作为科学教学模式之一的以"规律学习"为中心内容的教学模式，已经在我校科学课堂教学中进行了试验，它在实践中显示了较强的生命力，获得了良好的教学效果。究其原因，是它在教学过程中注意处理好了三个关系：

（1）教与学的关系——教师为主导，学生为主体。

（2）观察与探索的关系——观察做前提，探索求深化。

（3）认知与能力的关系——着手认知，着眼能力。

四、教学中的基本经验

1. "教师为主导，学生为主体"是提高教学质量的前提

实施以"规律学习"为中心内容的教学模式为什么能大幅度提高科学学科的教学质量？其根本原因在于这种教学方法充分体现了教师的"导"完全为学生的"学"服务的这一现代教学思想，如以"规律学习"为中心内容的教学模式（见表1）。

表1　以"规律学习"为中心内容的教学模式

教学过程	师生活动情况	以"规律学习"为中心内容的教学模式	传统教学模式
课前引导	教师活动	1. 提出探索课题。 2. 指导探索方法	无
	学生活动	1. 分组讨论，分析思考。 2. 设计实验，归纳方法	无
课中引导	教师活动	1. 组织讨论交流、演示实验。 2. 组织分析比较、总结规律。 3. 反馈评价、激发兴趣	1. 讲解、演示、得出结论。 2. 向学生提问
	学生活动	1. 积极主动地参与讨论、交流、演示。 2. 与教师共同总结规律、揭示本质。 3. 分享成功的喜悦，产生学习内驱力	1. 被动听讲。 2. 被动回答问题

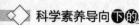
学生的学习是复杂而有规律的认知过程，在这个认知过程中，要使学生由感性认识上升到理性认识，进而将理性认识运用于实践，自始至终都要通过学生的心理活动这个主观因素去动眼、动脑、动手、动口才能实现，这就决定了学生的主体位置。然而，学生的主观能动性并不是自发的，而是要通过教师进行恰如其分的启发引导来实现的，这又决定了教师的主导作用。我正是基于这个指导思想，彻底摒弃了"满堂灌"的教学模式，代之以"实验做基础、问题来引路"引探相结合、全面促提高的做法。在课堂教学这个舞台上，学生成了主角，而教师则成了幕后的导演。

2. 非智力因素对提高教学效率具有调控功能

当代教学论发展的一个最基本特征就是将学生的认知活动与非智力因素（兴趣、情感、动机等）的影响紧密联系起来。爱因斯坦曾说："兴趣是最好的老师。"有了兴趣，就会产生学习的主动性和原动力。学生的认知活动离不开积极的非智力因素的激发、维持、强化和调控。根据这一现代教学思维，我在进行以"规律学习"为中心内容的教学实践中，在注重培养学生认知能力的同时，十分重视非智力因素的调控功能，注重激发学生对科学学习的持久兴趣。

3. 观察做前提，探索求深化

不论从科学学科的特点分析，还是从认识的原理分析，对科学现象的认识都是掌握科学本质的基础。所以我在教学中把学生通过观察活动包括做实验、观察演示实验、看录像、阅读素材等多种方式获得的感性认识作为引导探索必不可少的前提。然而，我发现在整个教学过程中，重点还是应放在探索上，因为只有探索才可能使学生通过现象认识本质，由感性认识上升到理性认识，真正掌握科学学科问题的实质和规律，进而完善知识体系，构建完整的知识网络。

4. 着手认知，着眼能力是促进学生全面发展的有力保证

科学学科的课堂教学的基本任务不仅是教给学生知识，而且更应注意对他们智能的开发。在处理知识与能力的关系上，对于知识，注意抓好学生对知识点的整理和提炼；对于能力，注意培养学生对实验的认真观察及实验现象的准确叙述的能力，注意培养学生的观察能力和操作能力，增强学生的自学能力和思维能力，通过拓展活动提高学生的创造能力。在这些能力中，我最注重的是对学生思维能力的开发，在实施以"规律学习"为中心内容的教学模式的过程中，注意引导学生通过类比、联想、分析、综合、抽象、概括、判断和推理等方法养成良好的科学思维习惯。

以"规律学习"为中心内容的教学模式在我校的科学课中经过一段时间的教学实践后，学生普遍反映对科学课感兴趣了；学生获取知识解决科学问题的能力、实验设计能力有了明显的提高，成绩也进一步提高。经过对实验教学和对实验效果的分析，我认为，以"规律学习"为中心内容的教学模式是小学科学教学行之有效的模式之一，它比较适合科学课的教学，能取得较好的教学效果。

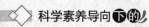

实事求是　科学求真

——小学科学课堂渗透"实学精神"的思考与实践

◁ 成艳萍 ▷

　　"实学"是中国古代关于学术研究的一种主张"求实"的理论体系，最早始于北宋的"实体达用之学"。我们现在常说的"实学精神"主要是指乾嘉学术大师阮元所形成的"治学、科学乃儒流实事求是之学"的思想精神。阮元在学术研究和科学技术问题上并不赞同"以古为是"，也不提倡埋头于故纸堆而不躬身实践、不问世事，他坚持"实事求是"，强调"实测而知"，力行"实践之道"，重视"实用之事"。阮元的实学精神可以大致概括为实事求是、实测操作、实践之道。这些精神其实也是当今社会对未来接班人的基本要求。科学课在教会学生求知的过程中能很好地贯彻对这种社会责任感的培养，与对学生人格的培养融为一体。为此，我对在科学教学过程中如何进行"实学精神"教育进行了以下探索。

一、讲"实是求是"，培养勇于质疑的科学态度

　　阮元的"实学"思想的治学宗旨是"实事求是"，他认为，对于学术研究和科学技术问题，不能"以古为是""以纲为常"，不能一味地推崇权威。不要说"治学之道"，即使对当时人们认为十分具有权威性的朝廷天文观测，他也敢于提出异议："天算之学足以纲纪群伦，经纬天地，乃儒流实事求是之学，非方技苟且干禄之具。"他坚持自己的观点，这种实事求是、敢于质疑的精神是十分可贵的。

　　当今的学生很容易形成这样一种观念：课本上说的就是真理，我们应当认真学习、牢牢记住。然而，熟悉科学发展史的人都知道，一部科学发展史就是一部人类不断质疑、不断推陈出新的历史。所以，科学教育过程中就要求教师

培养学生在寻求科学的过程中勇于质疑，鼓励学生应该持有心存质疑的结论，多问"真是这样吗"的科学态度。

例如，《我们的消化器官》中介绍各个消化器官的大小，有这样一句话："人的大肠宽12厘米。"在备课时，我觉得这句话有歧义；在教学时，我在介绍完书本上的知识后问学生："你们都赞同这个说法吗？""难道课本说得也有错？"学生们炸开了锅，纷纷埋头研究每一个数据，当疑点逐渐集中到大肠的尺寸上时，学生们认为编者使用"宽"这个字时应该指的是肠清空时横截面近于极扁长方形的宽或者是充盈时圆形的直径。然而，当我们利用课后时间查阅大量资料，到市场实地测量了猪大肠的尺寸和通过回忆自己粪便的最大直径后一致认为，这个"宽"字用得不准确，它应该是说"人的大肠横截面周长12cm（也就是宽约6cm或直径约3.92cm）"才符合事实！通过这次教学活动，学生明白了教材只提供一种思路，教材不一定是完美的，我们对任何事情都不要偏听盲信，要通过自己的思考加以判断。

又如在教《太阳系》一课时，结合太阳系的知识，教师向学生介绍人类认识太阳系的历程，使学生知道当初的"地心说"是怎样被哥白尼质疑推翻的，而哥白尼的理论又经历了多少次修正，太阳系行星的数量怎样由五个变成九个，又由九个变成八个的过程，才进化为今天教科书中的科学理论的。通过这样的例子教育学生：如果不是前人有质疑的精神，就不会有今天的科学理论，同样，如果我们对现存这些理论深信不疑，将来就不能完善和发展科学理论。

二、重"实测操作"，培养严谨细致的治学作风

阮元的"实学思想"的基础是"实测而知"，他认为选择正确的方法、仪器，通过严谨细致的操作后测算出的结果才有效，他十分坚持"欲使学者知算造根本，当凭实测""测量真确，为则推步密合"。他把与实际操作中观察到的现象是否相符作为检测某种科学理论的主要依据，坚决反对不务实测而求诸迷信的做法。

科学家拉瓦锡说过："科学不靠猜想，而据事实。"科学教学中有大量的观察与实验，实验的结果往往会受到非本质因素的影响而产生差异。当自己与绝大多数人的结果不一样时怎么办？首先，要让学生养成在实验过程中认真观察、规范操作、如实记录实验现象和实验数据的严谨治学的习惯，它不是仅

依靠说教的方式来培养，而是在学生平时所见、所闻和所做中逐步形成的。其次，要教育学生知道科学具有严谨性，经得起实验的检验，任何臆想的、传闻的东西都不可以轻信。科学的科学性和严密性有利于培养学生一丝不苟的学习习惯，要让领悟"实践是检验真理的唯一标准"的真谛。

例如，在《斜面的作用》一课中，学生进行不同倾斜角度斜面拉力大小实验时，绝大多数小组实验得出山斜面倾斜角增大，拉力增大，更加费力的结论，然而有一个小组却发现不同角度的实验结果差异不大，尤其是做到最后一个倾斜角很大的斜面时，拉力居然变小了！他们听到其他小组兴高采烈地汇报着几乎完全相同的实验结论时，眉头紧锁，欲言又止。我及时发现了他们的情绪，鼓励他们说实话、做实事。这个小组完全不同的结论引起了巨大的争议，我们全班一起分析原因，重新做了实验，终于发现，这个小组随便拿了一个物体做重物（重物质地软、接触面粗糙），在经历多次实验后，接触面与斜面由于摩擦变得光滑。由于拉力的大小与倾斜角、摩擦力都有关系，这个小组由于实验设计不够严谨、规范，摩擦力这个变量的增加，导致实验结果无法与倾斜角这一条件相关联，产生了不确定的实验结果。在二次实验中，教师严谨的实验设计、一丝不苟的实验方法、详细清晰的实验记录、认真严肃的实验分析给学生们留下了深刻的印象，使学生深深地感受到严谨细致的作风对学习会有多么大的帮助！

三、行"实践之道"，培养延伸拓展的创新精神

阮元的"实学思想"力行的是"实践之道"，他特别重视躬身实践，明确提出"圣贤之道，无非实践"，他坚持学习各种科学知识，并通过使用、拆卸各种西洋机器的方式改革求新，明确提出"实践所需，革之新器"。他创新了"铺地锦法"用于漕运的"粮船量米"；创新了"船石互卸"法，巧妙地利用船的浮力捞起了大炮。将科学知识用于实践，在实践中创新，坚持"经世致用"的价值取向。

小学科学是一门让学生认识世界、了解生活中的科学的综合性学科，它从生活中来，再到生活中去，起到了服务改造生活的作用。因此，我们要使学生建立起科学有用的价值观念，并教会学生把学到的科学知识进行延伸拓展，培养他们的创新精神。

在教学中，教师通过介绍"光导纤维""太阳能发电""神奇的布料"等知识，让学生感受运用科技取得的新成果；通过让学生上网去了解最新的科技信息，使学生的科学知识在不断发展中得到充实，把他们引向科学的大门。课后，教师再引导学生关注生活，引导他们将科学探究从课堂延伸到家庭、生活，用所学的科学知识服务生活。例如，在学习完"电"的知识后，一个学生发现教师下课关了电脑后总忘拔U盘，于是他利用所学的三极管知识制造出了一个关机后能自动发出蜂鸣提示的"勿忘我U盘"，具有很好的实用性，现已申请了国家专利。还有一群学生有感于广州当时蚊子猖獗，在利用已有知识及大量探究的基础上，探索出一种利用芽孢杆菌消灭孑孓，从而安全有效地减少成蚊的灭害方法。为了检测此方法的可行性，学生在校园的水池、公园的湖泊进行了实地检测，成效显著，产生了良好的社会效应，《广州日报》等多家新闻媒体对此进行了专题报道，充分体现了学生学科学、用科学的实践能力。

但丁有一句名言："道德常常能弥补智能的缺陷，而智能永远填补不了道德的空白。"因此，作为学校教育重要组成部分的科学课堂，不仅要使学生获得知识技能，还要培养他们良好的思想品德。为此，科学教师在教学中要渗透"实学精神"，教会学生坚持"实事求是"，强调"实测而知"，力行"实践之道"，争做科学求真、创新发展的新一代。

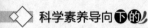

问题，科学课堂上的切入点

◁ 马颖琳 ▷

　　学生是科学学习的主体，科学学习是他们主动参与学习的过程，科学课堂由问题的产生而开始，由解决问题后产生新的问题而结束。问题的产生通常要比结论的得出更为重要。课堂上，学生不知道有什么问题，发现不了问题，即使有问题也不敢问或是不知怎样问、没有机会问等，这种情况就会导致学生在发展中出现问题。所以，教师要抓住教学中心，善于向学生提问，正确对待学生提出的问题，才能呵护学生的好奇心，让学生敢问、乐问、善问，增强学生的学习兴趣。

一、正确引导，发现问题

　　学生眼中的世界是新鲜的、美丽的，充满了惊喜与奇特。他们走进教室，脑子里往往充满了形形色色的问题，如果教师对教材的研究不够透彻，教师的教学以师为主、以教参为主、以标准答案为主，沉迷在"教师设立的问题"服务模式中，没有正确引导学生、看不到学生的问题、抓不住学生问题的实质，使课堂教学偏离教学轨道，那么，就不能及时解决学生的问题。显然，课堂上，要启发学生发现问题、要发现学生的问题，我们就必须"俯下身子"，真正去了解学生、贴近学生、研究学生的问题。在学习《纸的秘密》一课时，我把活动主题分成了四个环节。①活动引入。通过展示生活中各种各样的纸和纸制品创设情境，激发学生研究纸的欲望。②探索研究。引导学生亲身经历"设计方案—观察实验—交流研讨"的科学探究过程。③活动拓展。通过引导学生观看有关纸的发明和造纸的资料，帮助学生了解更多关于纸的奥秘。④通过要求学生根据自己收集的各种纸的不同特性设计一件新物品，培养学生的创新能力，使学生感受纸的特性与用途的关系。当教学进入"汇报产生的疑问"这一环节时，学生的思维前所未有的活跃，不但在课堂上发现了"宣纸与报纸谁的吸水性能强""牛皮纸与信纸谁更光滑"等问题，更提出"牛皮纸与硬纸板谁的承重能力强"等富有挑战性的问题，课堂上的热烈讨论延伸到了课后，学生继续主动思考探究。

二、把握中心，善问问题

"善问者如攻坚木，先其易者，后其节目，及其久也，相说以解。不善问者反此。"教师只有熟悉教材、把握教材，才能善于提出问题，课堂气氛才会活跃，学生的思维才能被激活，学生才能体验到由"问"带来的交流乐趣，才能真正把问题转化成知识与能力。在执教《溶解——怎样加快溶解》一课时，我引导学生经历"问题—假设—验证—证实"的科学探究过程。第一个环节请学生吃糖后，以"你们是怎么吃糖的？"这个问题开始，启发学生；第二个环节让学生边吃糖边讨论；第三个环节以假设的形式展开，几个学生想出了用不同的吃糖方法，加快糖的溶解，我还利用学生喜欢的卡通画提出"嘴巴里的糖跑到哪里了？"的问题；第四个环节通过提出"怎样加快肥皂的溶解？能把盐变走吗？"的问题引领学生思考、验证、证实。通过一系列的问题和活动，学生轻松愉悦地展开学习，解决了问题。

三、因势利导，探究问题

学生是科学学习的主体，科学学习应该是他们主动参与学习的过程。让学生亲历科学探究的全过程——从问题引入，以问题结束，从身边的事物开始以形成探究的态度来获取知识，能最大限度地拓展教材。在学习"比较水的多少"一课时，板书课题后，我问："你们平常在家里喝什么水？旅游时喝的是什么水？""开水。""饮用水。""矿泉水。"……"水是生命之源"，这是学生熟悉的话题，每个人每天都要喝大量的水。"由于条件的改善，水以各种形式进入我们的生活，外出旅游多饮用矿泉水。"谈到这儿，引出下一步活动——制作矿泉水，自然亲切，有新意，能激发学生的学习兴趣。活动有三部分，即"灌水、取名、标价"，其中"标价"是活动的重点。三个瓶子的形状、大小、高矮各不一样，该根据什么标准标价呢？每个学生都有自己的标准，因此组内会发生争论，组与组之间也有异议，到底根据什么标准来标价比较合理呢？通过讨论，学生达成共识——根据水的多少来标价比较合理。那么，到底哪个瓶里的水多，哪个瓶里的水少？自然地引出这节课要探究的主题，激发了学生探究问题的欲望，培养了学生的问题意识。

四、及时评价，强化问题

《义务教育小学科学课程标准》2011年版指出："评价本身具有教育性，是人与人互动与交流的过程。利用评价对成就进行鼓励，对于不足提出改进建议，保证课程目标的实现。"我们可以根据新课程提出的评价方向，让学生在得到积极肯定的评价时强化问题意识，这是对学生"问"的最大鼓励，也是对学生的希望与信任，它更表明了一种态度，一种随时向学生开放的态度，而正是这种态度，让学生的"提问"变成可能，让学生觉得"提问"是安全的。让学生自由地提问题，教师可以对所提问题进行筛选，找出课堂上可以进行研究的问题，对这些问题进行分类、甄选、鉴别，使学生有一个逐渐明晰的认识。在这个过程中让学生知道，每一个问题都可能对自己或他人产生一定的影响，所以要乐于并敢于把自己的想法说出来。

课堂上，我对学生的问题会做出积极的反应，例如，"你的想法真的很奇妙，它对我很有帮助""从你所提出的问题，可以看出你的知识面很广""这个问题对我们很重要"。我也会鼓掌、伸出大拇指、做一个OK的手势等，肯定学生提问的勇气，鼓励学生接下来要进行思考和探究。在学习"探索沉浮的秘密"一课时，有一个学生提出问题："挤压瓶子，笔帽为什么会上浮，这与潜水艇在水中上浮有什么关系？"我及时抓住这个学生的问题，摸着这个学生的头说："你不但善于观察，更善于提问，真像一个小科学家。这个问题非常有意思，老师相信你一定能通过自己的学习把答案告诉老师。"学生受到了鼓舞，自己读书查阅资料，和同伴商量，很快弄清了问题的答案。

五、拓展提升，探索问题

一堂成功的科学课不只是解决了问题，更需要产生更多新的问题，让课堂在对话中生成，在问题中引导，在引导中感悟，让学生带着问题下课，课后怀着好奇心去探索，最终促进学生认知水平的提升、探究能力的提高和科学素养的发展。

在研究中学习，在研究中成长

——运用"研究性学习方法"指导青少年开展科技活动初探

⋈ 成艳萍 ⋈

我们生活在一个科技高速发展的时代，"科学技术是第一生产力"。科学，在我们这个不断前进的时代里，备受推崇；科学的教育，也受到社会极大的重视。《中共中央国务院关于加强科学技术普及工作的若干意见》指出，青少年是祖国的未来，科技教育活动就是要培养学生的科学素质，使他们树立正确的科学观，迎接新世纪的挑战。

为了更好地开展青少年科技活动，从1997年开始，我校通过开展以"小发明、小制作、小论文"为主的课外科技活动对学生进行科技教育，培养学生的创造意识和创新精神，提升他们的创造技能。在辅导学生的过程中，我发现，用"从书本中学习"的教学模式虽然可以将已有的科学知识告诉学生，但是，科学并不是概念、规律和理论学说的堆砌。科学发展的历史让我们懂得，科学更是一个过程，一个不断发现以前真理的错误，不断更新以前真理的过程。科学没有终点，它是发展的、进化的。培养学生的科学素养就应该培养他们的创新精神，就是要善于在没有问题的地方产生问题，在没有现成答案的地方寻找答案，在探究的过程中提高学生学习的能力，这样才能促进学生科学素养的提高。

后来，我在开展科技活动中尝试采用"研究性学习"模式。"研究性学习"是指：学生在科学知识和现实生活领域，通过提出问题，调查研究、实验讨论等研究活动，主动获得科学知识、领悟科学观念与态度，提高各种学习能力的过程。这种新型的学习模式极大地提高了学生对科技活动的兴趣，促进了他们科学素养的提高，让我欣喜地看到了它在青少年科技活动中无法替代的作用。

一、开展研究性学习，能培养和激发学生的内部动机

心理学家认为，影响学习的动机主要有两种，即内部动机和外部动机。其中内部动机指的是出于对活动的兴趣而参加某项活动。内部动机比外部动机能够导致更高水平的学习。爱因斯坦说："兴趣是最好的老师。"在学校开展科技活动的过程中，我们首先要培养学生具有稳定的、强有力的内部动机，即对科技的一种内在的直接兴趣，这种兴趣就是对科学的喜爱，也是学习的"推动机"。这台"推动机"能促使学生不断地丰富自己的知识，发展各种技能，并能利用这些知识和技能进行有益的、积极的探索，而且在探索中得到新的发展和新的强化。

在开展研究性学习指导科技活动的实践中，我发现，是否尊重学生的选择，是否让学生自主选择课题研究是活动能否开展好的关键，对于这个科研选题，我们强调学生自主选择，让学生寻找自己感兴趣的题目，这使他们产生了巨大的动力、高涨的积极性，激励他们克服一切困难完成自己的研究。学生把在生活中关注的问题作为课题研究，对此倾注的热情和汗水是课堂教学无法比拟的。研究性学习是基于问题的学习，学以致用，面向现实生活、面向学生未来发展的学习，它使各学科中所学的知识和技能相互联系、相互影响，并综合应用。例如，小方同学在一次科技活动中的选题是"玻璃幕墙对环境影响的初探"，由于题目是自己选的，他对这个问题非常感兴趣，有信心和热情去完成自己的目标。他利用周六、周日的时间到市内各处调查，一天下来，筋疲力尽，却从不叫苦。他努力学习课外知识，查阅资料，鼓起勇气向专家请教。在这个探究的过程中，自主学习在他身上得到了充分的体现，这次研究活动的收获又岂是在一般课堂上，在教师口耳相授间能够得到的呢？

二、开展研究性学习，能让学生成为学习真正的主人

研究性学习有一个重要的特点就是重视学生的主体性，即把教育中的学生视为学习活动的主体，教育者通过创设和谐、宽松、民主的教育环境，有目的、有计划地组织各种教育活动，并通过启发、引导的手段，培养受教育者成为自主的、能动的、创造性的认识和实践活动的社会主体，以教育促进他们主体性的提高与发展，为他们将来成为社会主体奠定了基础。因此，在开展科技

活动的过程中，我始终把发展学生的素质放在首位，强调学生自主合作，自觉探索研究，我并不要求他们每一个研究成果都有科研价值，而是更注重研究的过程。无论是自然科学的实验研究，还是社会调查，我都把是否具有探索实践的过程作为第一标准，注重让学生自己在直接体验中充分参与，了解知识的来龙去脉，培养学生的探索能力和创新精神，让学生体验科研的艰辛，享受到通过自身实践获得成就的欢乐，由此进一步激发学生学习的积极性。

近几年，经常能听到有人问："为什么你们能辅导这么多的学生参加活动？还能有几十项科研论文、小发明作品获各种奖项呢？"许多教师感到辅导一项科技活动已经十分辛苦了，其实，这种辛苦大多是因为教师们时时不放心、不放手，处处不相信学生、要亲力亲为造成的。我们认为，一个精明能干的妈妈常常有一个不能干的孩子，因为父母的包办与代替只能让孩子存在依赖心理，缺少奋斗精神，丢失创新意识。所以，在多年的科技活动中，我们有意淡化教师的作用，坚持充分发挥学生的主观能动性，让学生们自己设计活动、执行任务、得出结论，展示他们的创新才华，培养他们的主人翁意识，在科技活动这个舞台上，让学生成为真正的主人。

在科技活动中，我们让学生有选择的机会。

1. 学什么科技知识——学生自主选择知识

为了更好地开展科技活动，在每年活动开始时，我们都让学生自己思考，选择感兴趣的知识来学习。

2. 我能行——学生自主调查、实验

在研究一个科技专题时，我们往往要进行大量的调查与实验，这些事情教师可以干得很好，但这不利于培养学生自主探究的能力。于是，我鼓励学生自己调查和实验，依靠自己的力量解决困难，在进行"利用蚂蚁防治白蚁实验初探——白蚁的生物防治"这一专题研究中，如何区别工蚁和兵蚁？面对这个难题，学生们认真观察，苦苦钻研了两个多星期，练习了不知多少次后，当着广东省昆虫研究所专家们的面，连续3次在一窝蚂蚁中找出了30只工蚁和30只兵蚁，准确率达100%，受到专家们的一致赞许。

三、研究性学习有利于培养学生可持续发展的能力

我们的社会是不断发展的，这也就要求祖国未来的建设者也应当不断地发

展，只有这样，个人才能适应动态变化中的社会，并推动社会持续向前发展。学生的可持续发展能力主要包括三个方面：是否学会了学习，是否具有健康的社会情感，是否具有创新精神。

素质教育中重要的一条是学生要学会学习。运用研究性学习，有利于学生养成学习的自主性、自觉性，即不分时间、场合，不管是在学校还是走出校门，学生都能不断地学习。在课题研究中，为了追求自己的目标，在学校，学生会认真学习，努力提高学习效率，让自己的成绩不掉队；走出校门，他们会查阅资料、请教专家，丰富自己的知识面。在这个需要终身学习的社会中，通过研究性学习所养成的这种自主自觉的学习习惯一定会让学生终身受益。

研究性学习会使学生更有社会责任感。在研究的过程中，学生探究的欲望能够得到充分满足，当他们发现研究得出的结论会对大众、对社会有益时，巨大的成就感会让他们欣喜若狂，同时，对于这种探究性、实践性的学习活动更有信心，由此形成对科学、对社会、对自己的积极情感。例如，小刘同学研究发明了一种新型的、安全无害的灭蟑方法并就此发表了一篇科学论文，当这篇科学论文在全国获奖，受到许多报纸杂志争相报道后，小刘收到了大量的群众来信，大家纷纷向她请教。为了让大家更好地消灭蟑螂，她带领同学们通过社区宣传、上门示范等途径，把自己的科研成果向社会推广后，收到了很好的效果。在这个过程中，小刘与同学们也增强了社会责任感，激发起要进行更多的研究来解决社会、学科问题的决心。

研究性学习一个很大的功能是可以培养学生的创新性。创新精神的培养需要在问题情境中进行，而研究性学习有利于培养学生敏锐地发现问题和解决问题的能力。这种研究让学生在不断的追求中有所发明、创造、创新，创新赋予课题研究以活力、诱惑力，这种诱惑力则促使学生充分调动自己的积极性与主动性，极大地投入自己的热情、毅力、时间、情感，以及一切潜在的能量。研究是名副其实的创新良机，一个课题的选择、资料的收集、研究的过程为学生发挥潜能、个性和创造性提供了最广阔的空间。在研究的过程中，学生尝试着像科学家那样追求发明、创造、创新，最后产生新的预见。这种追求使他们更加努力地汲取新的知识，感受成功的喜悦，实现自我价值。

四、由点而面，追求无止境

运用"研究性学习方法"指导青少年开展科技活动，最早仅在科技兴趣小组中实施，当我发现研究性学习的问题性、自主性和创新性十分有利于学生获取知识，提高解决问题、动手实践、发明创新的能力，并养成科学的人生观，增强社会责任感时，我将这种研究性学习推广到全校的科技活动中，让学生在教师的指导下，从自身生活和社会生活入手，以科学研究的方式主动获取知识，应用知识，解决问题。研究性学习极大地推动了我校的科技教育工作，使我们也收获到丰硕的成果：

《广州高层建筑玻璃幕墙对环境的影响》科学论文获"第五届青少年生物和环境科学探索活动评选"全国二等奖。

《利用蚂蚁防治白蚁实验初探——白蚁的生物防治》科学论文获"第六届青少年生物和环境科学探索活动评选"全国一等奖。

《与蟑螂斗争到底——对城市蟑螂情况调查及防治德国小蠊的研究》科学论文获"第十七届全国青少年科技创新大赛"全国一等奖。

……

当我们看到学生参加全国青少年科技比赛，站在主席台上自信地介绍我们的科技活动的时候，当我们看到学生站在领奖台上，挂着金牌向我们挥手的时候，我们的眼中充满了泪光，心中充满了喜悦，这一切正是对我校科技活动成绩最大的肯定！

在实践中，我们深刻地体会到：放手让学生开展研究性学习活动，能促进他们知识的学习、才干的增长、素质的提高。运用研究性学习方法指导青少年开展科技活动，会让越来越多的学生发现科学、学习科学、体验科学，并通过自己的努力，体验成功，收获喜悦！

开展低年级科学校本教育，开启孩子
奇思妙想的天窗

 马颖琳

21世纪是科技的时代。当今世界综合国力的竞争，归根到底是科技的竞争，也就是科学教育的竞争。发达国家尤为重视5～12岁学生的科学教育，因为这个年龄阶段的学生具有与生俱来对自然现象强烈的好奇心和探究欲望，但是对科学的认知却还是一张白纸。只有正确和有效的科学教育才能保持和进一步发展这种好奇心，培养学生对科学探究的兴趣，使其体验科学探索的乐趣。同时，这个年龄段学生的大脑思维开始发展，如果这时对其进行科学教育，将会使其思维更具灵活性，动手能力也会大大增强。之前我国的幼儿园已经开始了对幼儿的科学启蒙教育，但是实施新课程改革后，三年级才开始学习科学课，出现两年科学教育的空白期，严重制约了学生对科学的幻想。我校以科技教育作为办学品牌，面对低年级学生在科学教育中的衔接问题，从素质教育出发，根据小学生的身心发展特点，以提高学生科学素养为目标，开设低年级科学教育校本课程（低年级是指一、二年级，下同）。作为课程的任教者，从以下几方面谈谈我的做法。

一、低年级科学教育的必要性

6～9岁年龄段的学生是小学低年段学生，他们的心理具有明显的儿童特征，对于一切新的东西好奇、好问、好动手、好探索。在他们看来，周围环境中的许多事物都是新奇的，很多都出乎他们的预期。直观、形象的事物容易引起他们的注意，并使其产生强烈的求知欲望。在我看来这是培养科学兴趣、体验科学过程的重要时机。美、英、法等发达国家，科学课程的安排都从5岁开始直至12岁。而现在国际科学教育的发展趋势，是进一步向3岁儿童的早期教

育扩展。我校自2003年开始开发科学教育校本课程。但是在实施的过程中我们发现，没有了低年级学生的参与，课程研究不完整。同时，部分低年级没有接受正确科学引导的学生，逐渐出现了不良的行为习惯和认知。故此，从2006年起，我们进行了低年级开设科学教育校本课程的研究。经过5年的实践研究，学生对科学教育校本课程兴趣浓厚，大部分低年级学生都喜欢科学教育课。

从表1中可以看出，98.9%的低年级学生喜爱科学教育校本课程。同时，我们还发现学生课后提出许多问题，回家主动翻阅《十万个为什么》《神奇校车》等科学书刊，主动购买或订阅科技类图书、杂志进行阅读，主动收看电视中有关动植物、地球环保等科学内容的节目，还主动动手进行各类实验及小制作。

表1　低年级学生对科技教育校本课程设置评价

年级	学生人数	喜欢		不喜欢		无所谓	
		人数	百分比	人数	百分比	人数	百分比
一年级	183	181	98.9%	0	0	2	1%
二年级	190	188	99%	1	0.5%	1	0.5%
合计	373	369	98.9%	1	0.3%	3	0.8%

同时，我们还调查了低年级学生学习科学教育后的科学素养情况。从表2中可以看出，科学教育校本课程使低年级学生普遍开阔了眼界，丰富了知识，提高了观察和动手能力，培养了想象力，学会了与同伴合作，促进了他们科学素养发展的同时，也增强了他们的参与意识、实践意识和竞争意识。家长一直赞同学校开设低年级科学教育课程，并且给予了高度的评价，认为孩子的科学素养得到了较大的提高。一位记者到我校采访科学教育的情况时，对低年级学生的评价是"聪明、活泼、自信、大方"，认为他们"知识面较广、思维很活跃……"。经历过低年段科学教育的学生，在日后的科学课堂上表现出良好的科学学习能力和逻辑观察思维习惯。

表2 对低年级学生（科学素养）评价调查表

调查项目	调查人数		热爱科学	观察能力	动手能力	合作精神	开阔眼界	丰富知识	想象能力	思维能力
收获很大	学生评价		373	373	357	373	352	373	373	364	359
百分比（%）			100	100	95.7	100	94.4	100	100	97.6	96.2
收获很大	家长评价		373	373	373	373	373	373	373	373	373
百分比（%）			100	100	100	100	100	100	100	100	100

综上所述，在低年级开展科学教育是必要的、可行的，让学生接受连贯的科学教育，学习良好的科学学习方法，从小培养和发展学生的探究能力，有利于他们的情绪能力、语言能力、科学记录能力等的培养，为他们的终身学习和发展打下重要的基础。

二、低年级科学教育应体现人文色彩

科学尊重客观事实，不迷信权威；科学是理性的，人文则是感性的。科学教育中蕴含着人文教育，而人文教育中又体现着科学教育，两者应该相互渗透。低年级科学教育面向的是6～9岁的学生，应该以学生为本，立足于学生的发展，体现人文关怀，反映科学与社会发展之间的关系。在课程内容的选择上，应尊重学生的需要、兴趣及能力，将当今时代富有生命力的知识以学生喜闻乐见的形式反映在课程体系中，并谋求学科知识与学生的个人知识的内在整合。针对低年级学生爱听故事的特点，在二年级的科学教育课中，我以图文并茂的绘本作为教材，让学生知道科学家的奋斗故事。例如，讲述哥白尼的故事。哥白尼通过长期的观察和计算，用毕生的精力，通过研究发现地球围绕太阳转，而不是太阳围绕地球转的伟大真理，并用自己的生命捍卫了这个真理。通过课前布置学生收集相关科学家的资料和课堂上小组合作学习、全班研讨的方式，学生不仅清楚地知道了哥白尼的事迹，而且更重要的是，了解到科学家毕生追求科学真理的执着，让学生接受了人文主义的熏陶。同时在互相学习、互相交流的过程中，学生的合作精神也得到了很大的发展。

低年级科学教育的教学内容应该具有乡土化特色，体现让教育回归生活的理念。在日常教学中，可充分利用教材，挖掘教学素材，讲述学生身边发生的事情，建构"生活中的科学"的教育理念，让学生明白科学并不是高高在上的，科学研究不只是科学家的事情，日常生活中的很多现象都是我们进行科学探究的内容，从而培养学生的人文精神与人文素养，实现人文关怀，引导学生用一种"人与自然和谐发展"的观念关注自然，追求人与自然的和谐共生，从不同层面体现教师关爱每位学生的成长、关注社会发展的人文理念。近年来，地震频繁发生。四川的大地震对于每个学生来说都触动很深。2012年2月16日，广东省河源市车源县发生了4.8级地震，广州市区震感明显，成了那几天媒体关注的焦点。我对低年级的学生进行了"地震知多少"的科学教育。谈起地震，学生渴望了解相关知识，却一无所知。我通过地震影像、海啸视频、火山爆发图片等，让学生初步了解地震发生的成因、地震发生有哪些前兆、预测地震的重要性，同时对学生重点进行防震减灾的教育，课堂上还请学生谈谈自己对地震的看法及感受。通过鲜活的例子对学生进行人文教育，让学生知道地震发生后如何自护自救，激发学生探索自然、征服自然的欲望。

同时，低年级的学生容易受外界影响，作为科学教师，我更注重言教不如身教，从自身做起，注意自己的行为对学生的影响。例如，保护环境卫生、随手关灯、不随意乱扔实验材料、在课堂上反复使用纸张等，这样的行为更有利于人文教育的渗透。

三、低年级科学教育应保护学生的好奇心

好奇心是人类的天性。牛顿因为好奇苹果为什么掉落地面而发现了万有引力，从而揭开了宇宙的奥秘。著名科学家爱迪生曾说："我没有什么特别的才能，不过是从小喜欢寻根问底地探究问题。"低年级的学生还是小孩子，面对五彩缤纷的世界，具有强烈的好奇心，花基上的蚂蚁、泥土中的蜗牛，甚至成人眼中毫无作用的小石块、废弃的饮料瓶等，都可以成为他们的玩具，"蚂蚁怎样搬东西？蜗牛是怎么爬的？"让学生趴在地上百看不厌，流连忘返。这些在成人眼中平淡无奇的事物，他们却会感到神奇和不可思议。学生经常会问"为什么爸爸长胡子，妈妈不长？""母鸡为什么会下蛋而公鸡不会？"等成年人早已知道答案的问题，但是我们应该从孩子的角度看待问题，这些对于孩子来说，都是未知的。要保护孩子的好奇心，教师和家长都要换位思考，理解孩子好问的心理，尊重孩子的好奇心，允许孩子提问。当学生高高兴兴地问老

师"为什么"时，老师要敏感地意识到这正是丰富孩子知识、发展孩子技能的好时机。2011年10月的一天，广州因为暴雨被水浸了，到处塞车。第二天，有学生问我："下雨后为什么会水浸？"我回答道："那是因为下水道堵塞了。""什么是下水道？"学生又问，我指给学生们看什么是下水道，并把收集到的日本先进的下水道系统图片展示给他们看，让他们谈感想。学生们围绕下水道的改造，畅所欲言，并且纷纷动笔把自己的想法画在纸上。其中二年级一个学生的科幻画作品《下水道能源再生系统》获得了第二十七届广州市青少年科技创新大赛一等奖。通过这件事，我再次感受到学生的潜能不能忽视，低年级的学生虽然知识贫乏，不会写，但是只要引导正确，学生的奇思妙想是无穷的，把所想所思画出来，也是表达对科学追求的一种形式。

同时，学生还会提出的一些不切实际的奇思妙想，作为教师不应该打压，应该珍惜和满足孩子的好奇心，鼓励孩子的"异想天开"，爱护并扶持他们思想中闪现的"火花"，鼓励孩子敢想敢做，善于开动脑筋。一般来说，学生最初开始思考问题时是大胆的、自由的、无拘无束的，正是因为这样，他们经常会说出荒诞不经的话。在一年级的科学教育课中，我向学生们讲述宇航员阿姆斯特朗登月背后的故事：在他幼年的时候，一天，他在院子里玩耍，妈妈问："你在干吗？"他回答："我想跳到月球上！""哦，原来是这样。"妈妈不假思索地答道，"记住，别忘了回来！"正是他妈妈充满智慧地保护了阿姆斯特朗的热情与好奇心，才使阿姆斯特朗大胆的梦想得以自由延伸，长大后，成功登上了月球。我刚说完，大部分学生还沉浸在故事中，有一位男生背着书包跳了起来，说："我要让我的书包带我遨游太空！"学生们立即哄堂大笑，我笑着问："可以把我也带上吗？""可以的，不过得让我想想办法。"他说，"那你回家好好想想办法，有什么想法就告诉我。现在我们要继续上课了。"几天后，我的办公桌上出现一篇图文并茂的"作文"，讲述了一个书包带着一个孩子遨游太空的故事。文章虽然不长，甚至有些地方语句不通顺，有些地方词不达意，大多数字是用符号画出来的，但是看得出孩子在努力表达，作文的背后还有一句："马老师，谢谢你，我会努力的！"

有家长和我说，孩子越来越顽皮了，不是拆了闹钟，就是把储物柜翻个底朝天。其实孩子的好奇心除了多问，还表现在动手方面。孩子未必是捣蛋，这是好奇心驱使下的探究行为。我们不要因怕弄坏东西而粗暴地制止孩子的行为，这样才能使孩子的求知欲得到满足。我们对待孩子的好奇心和好问的行为，要采取积极鼓励的态度，嫌麻烦、责怪、置之不理等态度都会将孩子的求知欲扼杀在摇篮中。

四、低年级科学教育从"玩"中学

低年级的科学教育并不一定要灌输多少科学知识给学生，重要的是让学生觉得科学很有趣，美好的生活处处离不开科学，促进学生对生活中的科学现象进行积极的关注，在此基础上给予学生合理的、符合学生认知水平的讲解，尽可能创造条件让学生参与科学探索。"玩"最符合小学低年级学生的年龄特点，最为他们所喜爱，最能调动他们学习科学的积极性。在科学教育中，让学生在玩中了解科学知识，会有事半功倍的效果。在二年级科学自编教材《小风车》一课中，我设计了"谁的小风车转得最快"的比赛。学生先做小风车，许多学生更是七嘴八舌地提出要怎么做才能使小风车转得最快。我笑着没有给予答案，给他们充裕的时间让他们改装，验证提出的方法的可行性。学生们有的在想，有的在拆装，有的用嘴试吹，有的迎风跑……玩得不亦乐乎。经过一轮调试后，分组进行比赛，比出小风车转得最快的冠军王，让其介绍经验与方法。原本由教师讲解的要点，居然让学生在玩的过程中轻松地掌握了。

学生在玩耍时是灵活和主动的，思维也是发散和活跃的。学生玩耍的过程也是对事物的探索和拓展的过程。很多学生把玩具拆开再重组，在这个过程中他的思维没有受到限制，他可以随心所欲地组合创造自己认为合理的玩具。在玩的过程中，学生还会自己调整想法。一个学生能把同样的一个东西，组合成形状不相同的各种"怪异"的、"不是东西"的东西，而这些怪异的"组合"对学生来说都是一件完美的、创造性的作品。这也能促使学生的创造能力和逆向思维能力得到提高。思维因为没有过多知识的干扰而显得异常活跃和开放。一年级科学教育自编教材中，有一课是让学生们玩各种拼图游戏，我让学生开展七巧板擂台赛，以各种不同的拼凑方法来拼搭千变万化的形象图案。让学生把实物与形态之间的桥梁连接起来，使学生在观察力、想象力、形状分析及创意逻辑上都有巨大的发展空间。在科技节上，我让学生以5个人为一组，利用废旧报纸搭建"会移动的房子"。学生把旧报纸揉成棍子后搭建了三层三角形的房子，要让5个学生"住"进去。看似简单的游戏，但是纸棍怎么揉才不会太软？纸棍怎么才能支撑起房子？棍与棍之间怎么连接？房子搭建成功后，5个人怎么才能顺利地"住"进空间不大的房子？这些难题让学生兴致勃勃地进行思考—讨论—分析—尝试—再思考—再讨论—再分析—再尝试……通过这种方式，学生的思维能力、分析问题、解决问题的能力和动手能力在玩中得到提高，学生也在玩中得到了知识，在玩中了解了科学，在玩中提升了自我。

我们只要给予学生足够的空间、时间让学生去玩，同时及时帮助他们解决在玩中遇到的疑惑，这样，学生主动学习科学的积极性就得到了保护，学生的科学知识也在玩的过程中得到积累，玩的过程也让学生体验到了快乐，并进一步提升了学生主动学习科学的积极性。

五、低年级科学教育

爱尔维修讲过："即使是普通的孩子，只要教育得法，也会成为不平凡的人。"反之，如果没有适当的教育，如果没有良好的社会环境因素作用于他，如果不给他创造发展的条件，那么，即使是天才的幼苗，也只能成为普通人。把握孩子的发育特点和发展的良好时期，科学教育从低年级开始，让孩子的奇思妙想"动起来"，让正确的科学学习方法和科学思维习惯影响其终身。

引领孩子亲历科学，从小培养科学精神

☒ 成艳萍 ☒

科学是人类在认识世界和改造世界的过程中形成的，正确反映客观世界现象、内部结构和运动规律的系统理论和知识，是分析、研究事物的过程。在对科学探索的过程中，在对科学本质的认识不断深化的过程中，探索者通过研究、推理、实践逐步形成了推动科学进步的价值观和心理取向，这就是科学精神。

我们生活在一个科技高速发展的时代，科学的产物随处可见，在今天，科学早已不再是少数人的"专利"，而是每一个新时代公民应有的基本素养，生活中的许多事情需要我们运用科学知识去做出判断和决策。"科学技术是第一生产力。"科学，在我们这个不断前进的国度里，从来没有像今天这样备受推崇；科学的教育，从来没有像今天这样受到社会的重视。

为了培养学生的科学意识，迎接新时代的挑战，我们在教学中就应着重培养学生的科学素养。科学素养包括五个方面：①科学知识；②科学能力；③科学方法；④科学精神；⑤科学品质。其中，科学精神是科学素养的重要表现形式。科学的成果通常用概念、规律、理论学说来表达，但是，科学并不是概念、规律和理论学说的堆砌。科学发展的历史明白地告诉我们，科学更是一个过程，一个不断发现以前真理的错误，不断更新真理的过程。科学永远没有终点，它是发展的、进化的，强调科学精神就是强调怀疑的、批判的和创新的精神，就是要善于在没有问题的地方发现问题，在没有现成答案的地方寻找答案。科学精神的基本要素主要是质疑精神、求实精神、探究创新精神和争鸣精神。

一个人只有具有了科学精神，才会有探索科学的意愿和勇气，从小培养学生的科学精神和探究科学的能力是摆在教师面前崭新的课题。在小学各科教学中，科学科是培养学生科学精神的主要途径。培养学生的科学精神就要从培养学生的质疑精神、求实精神、探究创新精神和争鸣精神入手。

一、鼓励质疑是培养科学精神的前提

学生容易形成这样一种观念：课本上说的就是真理，我们应当认真学习、牢牢记住。当学生面对教科书中出现的大量新概念、新术语的时候，往往都不会想：书上为什么这样说？这些理论对不对？因为它们是课本，课本就代表着权威，意味着正确与科学。学生这种将科学神圣化、教条化的科学观，违背了科学的本质，与科学的精神格格不入。

科学的任务是要透过事物的现象认识事物的本质，但事物的本质是有层次的，正如列宁所说的："人的思想由现象到本质，由所谓的初级本质到二级本质，这样不断地加深下去，以至于无穷。"科学作为知识，它所追求的是确定性，它总是试图解释各种自然现象，并用确定的方式来表达科学理论。但科学从其创新的本质来看，它所追求的则是不确定性，它总是企图突破旧的规范，以建立新的规范。所以，科学教育不但要求学生对科学理论怀有一种崇敬的心态，更需要培养学生对科学结论要有怀疑和批判的精神。

例如，在教授《太阳系》时，教师可以结合太阳系的知识向学生介绍人类认识太阳系的过程，使学生知道对于这个问题，最初人们是怎样想的，这些想法后来又是怎样被哥白尼推翻的，而哥白尼的理论又是经历了怎样的修正才进化为今天教科书中的科学理论的。通过举例子的形式教导学生，今天的科学理论是前人用质疑得来的，同样，如果我们不质疑这些理论，将来就不能完善和发展这些理论。

二、坚持以实践检验真理，崇尚求实精神

学生的科学精神并不能仅仅依靠说教的方式来培养，它是从学生平时所见、所闻和所做中逐步形成的。首先，要告诉学生：科学要经得起实验的检验，具有可重复性，任何臆想的、传闻的东西都不可以轻信，只有通过实验得出的结论才最有资格"说话"。在日常教学中，学生就应该养成在实验过程中认真观察、规范操作、如实记录实验现象和实验数据，不以主观想象代替严谨的实验的良好习惯。在科学教育中应当坚持"实践第一、事实第一"的原则，不轻易让学生接受未经实践检验就说是正确的结论。鼓励学生对未经实践检验的结论持有怀疑的态度，凡事多问："真是这样吗？"

例如，在"蜡烛会熄灭吗"一课中有一个实验："在桌上放着三颗象棋子，把点燃的蜡烛放在中间，然后把杯子倒扣在象棋子上，蜡烛会熄灭吗？"在实验之前学生一致认为蜡烛不会熄灭，因为"杯子搁在象棋子上，氧气可以从底下流进去"。真是这样吗？学生进行了大量实验，事实证明，因为不能形成对流空气，蜡烛一定会熄灭。通过各种实验，要向学生证明这样一个道理："实践是检验真理的唯一标准！"

三、注重探究学习，树立科学意识

学生往往关心身边的事情，对身边的东西非常熟悉，而且有一种潜在地想探究它的欲望。但是常常因为缺乏应有的科学引导和科学教育，学生不容易发现身边环境蕴含的科学内容，常常与科学擦肩而过。如果能结合身边的自然环境、人文社会资源，让学生探究科学，学生就会极有兴趣，而且会逐渐养成观察、分析、研究、思索的习惯，这就是树立科学精神的重要部分之一。科学教育要改变传统的教学方法，使学生由"读"科学转变成"做"科学，即从传统的死记硬背现成的知识转变为在"动手、动脑做科学"的过程中学习科学知识，改变过去过分强调接受式学习的做法，让学生主动探索，创新开拓，自主发现新知识。

科学的进步为教育教学插上了可以腾飞的翅膀，教育的革命也是科技变革的最直接的结果，教师要改变教学观念，培养和造就一批具有科学素质的新一代社会生产者，让学生逐渐领悟科学精神并将其内化到自己的精神世界中去，那么，这种科学精神不仅有助于学生在德、智、美方面获得更迅速的发展，而且其本身也就代表着他们的德、智、美发展的一个新水平。

有效指导科学专题探究，让小学生
也能当上科学家

❧ 成艳萍 ❧

　　科学发现离小学生很远吗？一些科学课教师嘴上不答，思想却一直僵化在已有科学发现的条条框框中，科学探究教学也仅限于让学生探索和"发现"现成的事实与结论。在这样的环境下，小学生对待科学课也抱着科学研究太难、"只能玩玩而已"的态度。这就造成了小学科学专题研究成效低、流于形式的问题。究其原因，关键在于有些教师低估了小学生的发现能力和创造能力。教师心中总存在着一个预判：小学生能发现什么？他们又不是科学家。

　　这个判断是错误的。经过多年的实践，我发现，在教师科学、有效的指导下，小学生完全能够由易到难、由简到繁，按照"发现问题—提出假设—设计方案—实践验证—分析论证—撰写论文"的步骤掌握研究的方法。只要教师鼓励和引导学生向生活中的难题发起挑战，他们一样能当上科学家，一样能让科研成果服务于社会。

　　10多年来，我带领一批又一批的学生坚持不懈地进行科学专题研究，使一项又一项的研究成果在社会上得以推广，产生了良好的社会效应。例如，学生研究出的新型生物灭害方法，社区下岗工人学习后为居民上门服务，赢得了再就业的机会；"生态绿化体系研究成果和建议"为广州市亚运绿化工程所采纳，取得了良好的效果，在社会上引起了极大反响；"使用斜纹夜蛾多角体病毒消灭蔬菜害虫的方法"被广州生物防疫站蔬菜基地采用，使更多的广州市民吃上了健康的绿色食品。当一项项研究专题（如"关机自动锋鸣U盘""利用蚂蚁防治白蚁""生物制剂消灭蟑螂""芽孢杆菌毒杀蚊子幼虫""珠江水质监测鱼类选种""广州东濠涌生态修复"等）在各级科技比赛中屡获殊荣时，当学生们获奖后在人民大会堂得到党和国家领导人的接见时，当多家媒体对他们的研究专题进行报道时，学生们真正体会到了做科学家的成功和骄傲，体会到了创造的乐趣，同时，他们的心中还多了一份社会责任感。

一、发现问题是科学探究的基础

"问题"是学生进行科学专题研究活动的起点，发现问题是专题研究活动的前提。教师不应成为学生科学研究选题的决定者，使学生只能被动地接受，没有选择权和发言权，而应让他们在学习中自己发现问题，自己选择研究课题，从而激发他们提出质疑的兴趣，激发他们探索未知的欲望。

1. 在书本中找问题

学生平时的学习生活基本上是在学校，刚接触专题研究时，教师最好先引导学生在书本中发现问题。例如，四年级的《食物》这一单元，内容多，琐碎又复杂，如果仅按课程编排进行讲授，不能达到很好的学习效果。于是，在单元学习伊始，我引导学生将本单元内容作为一个整体来考虑，并向学生提出问题："对于这个单元你想研究什么专题？"听到问题后学生们认真地将单元内容梳理了一遍，提出了将内容重组成四个部分：怎样制作一个合理的食谱？日常食物包含哪些营养成分？怎样延长食物的保鲜时间？生活中的食品常用哪些添加剂？这些课题都来自课本，很容易被学生提炼和发现。教师可先采用此类选题以降低学生发现问题的难度。

再如，在学完《形状与结构》这一单元后，学生通过大量"纸桥"实验知道，通过改变物体的形状、结构可以改变其承受力的大小，从而达到用最少的材料获得最大效益的目标。然而生活中是否真的是这样呢？学生们提出了"广州市桥梁是否能达到最优功能"的选题。因为广州位于岭南水乡，桥是学生生活中随处可见的建筑，他们很想知道书本上的拱形、波浪形、工形桥梁的实际应用效果。这种迫切的探究愿望促使他们走遍广州市的每个角落，调查分析了大大小小100多座桥梁。学生们从中体验到科学技术对社会进步的巨大影响，增强了探究的兴趣和自信。

2. 在生活中发现问题

在学生从研究课本简单易行的问题中取得经验以后，教师可引导学生对一些生活创新性问题展开研究。学校每年都开展科技创新论文竞赛活动，活动要求研究选题要具有一定的深度。对于这样的科研选题，到底谁来选？我认为，教师不是课题的"开发商"，学生的创造性和洞察力才是课题的真正源泉。教师要培养学生做生活中的有心人，让学生自主选择课题，让来自生活的问题引起他们强烈的探究欲望。只有他们自己感觉有兴趣的题目，才会使他们产生巨大的探究动力和高涨的积极性，才会激励他们克服一切困难完成自己的研究。

学生小赖的选题是"利用蚂蚁防治白蚁"，由于选题是自己选的，他对这个问题非常感兴趣，始终满怀信心和热情地去实践自己的目标。为了找到各种蚂蚁，无论是炎炎烈日还是狂风暴雨，他总是利用周六、周日的时间到野外寻找蚂蚁。一天下来，他总是满身泥、满身汗，但他却从不叫苦，看得出他对研究投入了巨大的热情。

筛选、确立课题是小学课题研究活动中的一个难点，学生能否恰当地选择课题，会直接影响学生课题研究活动的成功与否。在确立课题的过程中，教师应按以下几个方面对学生进行选题策略的辅导。

（1）科学性。

研究课题必须是科学的。例如，有位学生打算研究"如何消灭牙齿中的虫子，减少蛀牙"。因为这个选题本身就缺乏科学性。这样的研究在立意上就错了，所以再怎么做也是白费功夫。

（2）实效性。

课题必须具有实效性，有应用意义与推广前景，有可预见的社会效益、经济效益或效果。学生的选题可以从国家、社会关注的焦点和当前科学研究的热点或日常生活中的奇特现象入手。有一次，学校组织学生到"万亩果园"秋游，学生在那儿自由采摘和品尝水果。可当一个个看似新鲜美味，表面上几乎没有什么虫咬痕迹的番石榴被掰开时，他们发现里面竟有几十条蠕动着的米黄色虫蛆，他们顿时被吓得哇哇乱叫。学生请教了果农，才知道这些是桔小实蝇的幼虫，专门钻到水果里面腐蚀水果。这也是当时最令广州果农头疼的一种害虫，使广州水果出现了大面积减产的现象。桔小实蝇为何会对水果造成这么大的危害呢？人们是如何进行防治的呢？学生们选择了这些最有实效性的问题，开始了自己的科学研究活动。

（3）可行性。

当研究的课题被学生们认为具有科学性、创新性、实用性的时候，教师还要再仔细想想这个选题是否具有可行性，学生是否能够在自身学识、精力、时间、经济和学校的条件下及周围的环境中完成。例如，爱好天文学的学生，当得知人们在宇宙中发现了碳元素异常丰富的行星后，就准备研究"宇宙中是否真的存在钻石行星"这一课题。虽然此课题的研究有很大的社会意义，但因为学生目前的知识、能力还不够，背景资料难以读懂，不能进行相关调查实验，此课题肯定属于学生无法实施的科学研究内容。由此可见这样的课题，即使开始研究，以后肯定也会因困难重重而夭折。

从生活中真实的问题出发，学生能深深地感受到解决问题的迫切性。如果他们能通过自己的努力解决疑问，那么，研究成功带给他们的快乐是无法比拟的。如果他们的研究成果能被人们称赞，能解决实际问题，能服务于社会，就会让他们进一步感受到研究存在的价值，进一步增加他们的社会责任感。

二、提出假设是科学探究的重要环节

提出假设是科学专题研究在发现问题和实验验证之间的一个重要环节，有着承上启下的作用。提出假设就是让学生在研究之前，先猜想可能会出现的结果或导致结果产生的原因，并做出自己的判断。其目的在于引导学生在动手之前先动脑，增强研究活动的计划性，对观察和实验具有先导作用，使活动有明确的指向和目的。

猜想不是胡猜乱想，教师要引导学生利用已有的生活经验，结合新的研究课题进行分析，提出合理的猜想和假设。当学生提出自己的设想时，教师可以多问几个问题："你是怎么想的？""你为什么这样设想？"这会让学生在阐述自己想法的同时梳理思路、完善假设，也让教师能够了解学生真实的想法，为后面的指导提供线索、奠定基础。在思考假设的阶段，教师要先与学生一起分析假设是否科学、合理，使学生在相互交流中受到启发，将后面的探究活动引向一个明确的方向。

例如，学生在开展"椰心叶甲生物防治"的科学专题研究时发现，给一些高大的大王椰子树喷洒化学农药时，很难将农药准确地喷洒到叶心上。同时，大量药液随风飘洒，污染环境，令周围居民意见较大。学生回忆起自己到医院看病时打针和输液的情景，于是提出"把农药直接注射到树干里，让药液经过树干的输导到达叶心，消灭椰心叶甲"的假设。我带着学生查阅了资料，发现有对古树进行吊瓶注射营养液以促进其生长的实例，于是推测，通过输导组织运输药液是一种可行的方法。有了科学灭害的依据，学生重新进行实验尝试。

再如，学生在开展"消灭白蚁之我见"的研究中发现，人们大量使用三氧化二砷（砒霜）这种剧毒药粉消灭白蚁。学生回想起农村的阿姨说过，她家原来有很多白蚁，但自从搬来了一窝蚂蚁之后，就再也见不到白蚁了。于是，这名学生提出了"蚂蚁可以消灭白蚁"的假设。为此，他捕捉了大量的黄丝蚁、大黑蚂蚁、拟黑多刺蚁来进行实验，发现用拟黑多刺蚁灭白蚁的效果非常好。

在指导学生开展专题研究的教学中，教师就是要这样让学生利用已有的经验、知识，通过仔细观察，再经过思考和推理，形成一种假设结论。这种假设结论有利于科学研究的持续展开，也有利于促进学生的思维活动从具体经验向抽象思维跨越，从而让学生养成大胆想象、尊重证据、通过实验发现规律的科学态度。

三、设计方案是科学探究实施的前提

受年龄、心理等因素的影响，在面对课外专题研究活动时，小学生的兴趣持久性不强，克服困难的意志薄弱。受知识、技能水平的限制，他们在研究过程中很可能遇到问题就没法深入研究下去了，会半途而废。所以，每次探究活动教师都要做好学生探究的引领者，指导学生从一开始就制订具体、可行的计划，为学生在观察、研究中规划好行动路线图。一开始，学生自己设计的实验方案往往漏洞百出，相关因素与无关因素混杂，无法有效地控制无关因素，教师可以通过多组交流研讨的方式，让学生论证实验方案的可行性，在教师的引导下逐步剔除方案中的无关因素，明确相关因素，最终形成一个较为完善、可操作的详细方案（见表1）。

表1 "怎样延长食物保鲜的时间"课题探究方案

研究课题	怎样延长食物保鲜的时间
课题成员及分工	施颖（总设计、统筹） 鲁倚珊（派发调查问卷，收集信息） 张慧昕、陈昕越（实验、记录） 施颖、张慧昕、陈昕越、鲁倚珊（分析数据，撰写论文）
实验方案	实验材料：9块相同的面包、盐、糖、酒、清水 （注：面包自制，保证无糖无油，其他材料自行购买。） 实验仪器设备：表面皿、镊子、冰箱、显微镜 （注：冰箱用张慧昕家中的，每天放学后大家一起去她家观察；表面皿、镊子、显微镜向科学老师申请从学校借用。） 实验过程设计：温度因素对比实验、湿度因素对比实验（略）
调查和实验记录表格	调查内容：人们常用的保鲜方法、保鲜时间等（略） 各实验过程时情况记录表（略）
成果展示方式	科学论文 个人收获进行班级展示（PPT）

学生经过几次研究，就能渐渐掌握专题研究的方法，学会从一开始就先制订可行的计划，并对探究中的某些情况有所预测。然而，当学生要进行较复杂的科学专题探究时，由于范围大、影响因素多，活动方案除了要包括研究器材的准备、成员的分工，教师还要重点引导学生设计详细的课题研究方法、活动程序。

四、实践验证是科学探究成功的保证

实施设计方案，验证自己的假设，这是科学研究活动中一个重要的环节。在这个环节中，教师要关注学生研究的进程，既鼓励学生按照计划认真、自主地实施，又应积极地关注细节，做到心中有数，适时参与其中，做及时点拨和必要指导，以便适时调控研究的过程。

在研究过程中，教师要教会学生认真、细致地记录研究过程。记录要"长话短说"，抓住"关键字"和"核心内容"，把意思表达清楚、准确。记录既可以采用文字的形式，也可以采用直观形象的简笔画、个性符号、缩略语、关键词等多种形式，甚至可以贴上剪下来的图片、标本，让学生采用符合自身能力水平的记录方式，以达到学生乐于记录、记录能发挥实效的效果。在探究过程中出现一些意外时，教师还要引导学生及时、巧妙地捕捉新情况，适当地修改活动方案，调整研究进程，使实验具有灵活性和针对性。

例如，有一组学生痛恨家中猖獗的蟑螂，他们兴致勃勃地用菊酯杀虫剂、硼酸、中药瓜蒌皮和蟑螂病毒进行灭害实验，但意想不到的难题出现了：蟑螂讨厌硼酸和蟑螂病毒的气味，哪怕是饲养盒中的食物掺有一点儿药物，蟑螂也坚决不吃！实验陷入了困境，无法进行下去。这时，我鼓励学生不要被困难吓倒，要想尽办法改善食物的味道。他们尝试了在食物中加油、糖、香精、牛奶、橙汁、大蒜、洋葱等方式。最后，他们惊喜地发现：蟑螂居然最喜欢洋葱的味道！当混有硼酸或蟑螂病毒的食物增添了洋葱后，能吸引大量蟑螂前来取食，取食后的蟑螂因脱水或病毒传播导致急速死亡，有效地减少了家中蟑螂的数量。学生们通过这个"意外"，发现了蟑螂最喜爱的食物的味道，为今后灭蟑药饵的选择与研制打下了良好的实验基础。

在学生的自主探究中，教师虽然不再是主导者，但仍应以参与者的身份轮流参与各个小组的研究活动。尤其对于一些动手能力弱、恒心和毅力较差的学生，教师更要多关注，与他们一起进行观察、实验，共同探讨。

五、分析论证是科学探究成功的关键

观察、实验中会产生丰富的现象及数据，这是科学研究的价值所在。如果在实验分析阶段一味堆砌材料和罗列过程，学生面对繁杂的数据就容易感到迷惑。对此，教师可指导学生采用插图、表格或图表等形式将混乱的数据进行整理和分析。通过数理统计和误差分析来证明推测的准确性，把实验结果与假设做比较，说明结果的适用对象和范围，分析不符合预见的现象和数据，为提出新建议提供合理的依据。

例如，全校学生在进行"广州市载人交通工具的空气质量对人体健康的分析"的专题研究中，对各种交通工具内的空气质量进行检测，共检测了8类99台车辆中甲醛、苯、一氧化碳、二氧化氮、二氧化碳、微生物、可吸入颗粒、负离子的含量，以及湿度、温度等项目，得到了990个数据。学生仅记录这些检测数据就用了一个大笔记本。怎样在这么多的数据中发现规律？我和学生先把数据整合成一张表格。完成后发现，这个表格有7页之多，分析起来非常不方便。

我又指导学生对数据进行再分类，通过柱形图、折线图、饼状图和单项对比表格等方法将数据分类处理，删除了一些重复的数据，压缩了一些对结果影响不大的数据，突出重要的数据内容。这样，数据就一目了然，也轻松得出了数据分析结果（如下）：

非空调公交车开窗时空气质量较好；在人数超过30人时，空调公交车主要存在微生物、二氧化碳含量超标的情况，特别是不开空调时情况更加严重；出租车和私家车中甲醛、苯超标较严重；旅游车、单位交通车各项指标均有超标；摩托车、自行车的空气质量与周围环境空气质量情况有关；地铁内各项空气指标均不超标，空气质量最好。

实践证明，这种以事实为依据，以直观表格为形式的数据整理方法在学生科学研究专题活动中的充分应用，能化繁为简，大大提高学生对实验结果和假设的比较与判断效率。

六、论文是科学研究成果最好的展示

学生完成课题研究后，就要整理和分析实验、调查的结果，并撰写科学论文。教师指导学生撰写科学论文也不能一概而论，要根据不同的选题及范围有区别地要求：当学生开展的是简单的、课本中的选题研究时，学生只需实事求是地阐述选题的目的、开展的方法、得出的结论即可。

如果学生开展的是针对社会实际问题的科学研究，其科技论文的要求就比较高，更加需要教师的有效指导。此类科技论文要求由7部分组成：①课题名称和研究人员；②研究目的；③研究方法，包括实验对象、所用材料、研究具体过程；④结果与分析，用数据表、曲线图、照片等形式展示实验成果，并对数据进行具体分析；⑤讨论与建议；⑥收获或体会；⑦参考文献。当然，小学生的科学论文，虽然要有科学论文的严谨性，要在分析材料、整理实验或观察结果的基础上提出能反映客观规律的见解，但也允许他们在论文中有生动的描述。例如，学生在《利用蚂蚁消灭白蚁》这篇科学论文中，详细地描述了蚂蚁与白蚁从一见面打斗到激战的全过程，生动地描述展示了学生认真、细致的观察过程，也令人感受到学生对科学研究的无比投入。

通过科学专题研究，学生动手、动口、动脑，学会了自己设计方案、收集信息，提高了实验、统计、归纳、撰写论文的能力。学生经历了科学研究的过程，品味了科学家发现真理的喜悦心情，体会了成功的滋味。这种成就感和满足感会打破各种条条框框对学生思维的限制，从根本上消除学生对科技创新活动的畏难情绪，使学生越来越乐观，越来越自信。

第四篇

课堂创新

4

应用"边讲边实验教学法"上好实验课

✂ 成艳萍 ✂

小学科学课学习中自然观察是其中的一个主要部分，内容涉及自然界中许多有趣的现象，实验方法丰富多彩，因而更容易激发学生探索科学奥秘的兴趣，启迪他们进行思考，开阔他们的视野。如何上好实验课？在科学课的教学中我发现，以现行《小学科学教学大纲》为准绳，以现代教学理论为指导，以学生的心理特征和认知规律为依据，以激发学生兴趣为动力，以学生分组实验为基础，就能让学生掌握知识、学会方法、培养能力、发展智力，从而有效地提高教学效率。

"边讲边实验"这种实验课的教学模式的特点是把学生分组实验贯穿科学课的教学全过程，教师一边讲解提问，学生一边进行实验，从而得出结论。这样做就使学生在良好的环境中，能动眼看、动手做、动脑想和动口讲，全面地进行基本的科学训练。

实施该项实验重点是课堂教学程序的设计，其难点是学生实验器材的配备。

在实施"边讲边实验教学法"时，我发现，只要我们能够按照教学的实际需要，备齐了必要的学生实验器材，又能设计出符合学生的认知规律，有利于学生形成科学知识结构的课堂教学程序，那么，教学就会收到良好的效果。

一、实施前提

1. 自制教具，创设环境

师生自己动手制作教具、学具，为实施各种实验奠定物质基础。具体做法是，收集废品，争取外援，解决材料的来源问题，自制各种简单的教具、学具，创造更多的机会让学生进行实验。

2. 调整教材，安排实验

在不影响教材整体知识体系的同时，细心研究如何结合本校的实际情况，合理调换、搭配、穿插一些取材方便、新鲜、典型、易于实验操作、效果明显的各种类型的实验。

3. 分组讨论，设计实验

在实验课中，教师先筛选教材中的实验项目，根据学校的实际情况，变烦琐且难操作的实验为简便易于操作的实验，让学生充分发挥主体作用，分组进行讨论，自行设计实验，自己实施，最后得出结论。

4. 不断完善教学模式

提出问题 → 做出假设 → 设计实验 → 验证结论

上述教学模式只是对"边讲边实验教学法"的教学程序的一个概括，"边讲边实验"既注意训练方法的运用，又注重智能的开发，教与学的双边活动有机结合，配合默契，能使学生的综合素质有所提高。

二、基本原则

1. 从科学处理教学内容的角度来看，贯彻"一清、二精、三活"的原则

"清"是指在众多的知识中分清主次，突出重点；"精"是指在重点知识上，精心处理，变结论式的教学为过程式的教学，立足于教给学生学习的方法，提高能力，使学生在重点知识方面学得更扎实；"活"是指把知识传授与能力培养统一起来，使学生把所学知识灵活地运用到实践当中。

2. 从学习科学的角度来看，贯彻"一观察实验、二分析概括、三巩固运用"的原则

使学生学会观察和做实验的基本方法，并逐步养成善于观察、勤于实验的习惯；学会在对事物现象进行分析、综合的基础上概括出要领和规律；学会应用所学知识指导自己的行动，提高分析解决问题、适应生活、适应社会的能力。

3. 从发挥非智力因素作用的角度来看，贯彻"一兴趣、二情绪、三意志"的原则

在教学中，学生的实验方式有如下几种：

（1）验证性实验。

（2）探索性实验。

（3）综合性实验。（又分：①学生在课外做实验，课堂研究结果的内外结合性实验；②学生课堂设计实验方案，课后完成的实验；③观察实验。）

通过组织教学内容，从实际出发，精选材料，使其富有代表性、启发性，激发学生的学习兴趣，使学生有饱满的学习热情和克服困难的意志，想念科学，热爱科学，在提高学习效率的同时，提高自身的思想品德修养。几次课堂检测证明，这种"边讲边实验教学法"会收到良好的教学效果。

三、良好效果

1. 知识扎实，易于记忆

在通过"边讲边实验教学法"进行教学后，学生通过实验得出的结论，在记忆中可以保持较长时间，从而使学生获得扎实的知识基础。

2. 能力提高，个性发展

实验班的学生不但基础知识掌握得比较扎实，而且自学能力有明显的提高，其他能力也有所提升，促进了学生个性与特长的发展。

经过对实验教学和实验效果的分析，我认为"边讲边实验教学法"是小学科学教学行之有效的方法之一。

浅谈在科学教学中发展学生创造性思维的策略

◙ 成艳萍 ◙

　　小学教育作为基础教育，面向全体学生，着重培养学生适应社会需要的基本能力和素养。帮助学生学会基本的知识和技能，很大程度上要依赖学校教育教学来实现。

　　社会需要完整的人，需要能适应社会、推动社会不断前进的人，这一切都需要人具有创造性。然而旧的教育方式会抑制学生创造力的发展，使学生学会"听话"与"服从"，学会"随大流"与"从众"，这些都不利于学生成长为对社会有用的人，因此，在课堂中努力培养学生的创造性思维是摆在教师面前的新课题。

　　小学科学课的学习，要通过观察自然界中的事物，并根据已有的知识经验去发现其中的疑难问题，提出解决问题的设想，并通过实验加以验证。小学自然课在内容上涉及自然界中许多十分有趣的现象，采用丰富多彩的实验方法，容易激发学生探索自然奥秘的兴趣，开阔他们的思路，启迪他们进行思考，所以，小学自然课的学习为学生的创造力发展提供了十分有利的条件。作为一名科学学科的教师，要发挥这些有利的条件，通过积极有效的引导，就可以促进学生创造力的发展，从而有效地提高教学效率，使学生的思维能力得到发展。我认为在科学课中培养学生的创造力，可以从以下几个方面入手。

一、改变阻碍学生创造力发展的传统观念

　　传统教育以传授知识作为教学的主要目的，这必然导致以教材为中心，以教师为中心的教学观念和以讲授、灌输为主的教学方法体系，从而忽视了学习主体的能动性、个体发展的多样性与差异性，以及对学生智能的培养，阻碍了学生独创性的发挥和创造力的发展。要培养学生的创造力，前提是要改变束缚

创造力发展的传统教育观。在教学中将以教材传授为主的教学目标转变为以增长经验、能力为主的教学目标。教学的真正目标在于使学生能将以教材为基础的知识应用于实际问题的解答之中，在知识的运用中激发和培养学生的创新能力。例如，在《燃烧与灭火》一课中，我将燃烧的两个条件由单纯的课本知识引入生活：为什么煤炉要开小窗？为什么燃煤要用纸与火柴引火？这些问题充分调动了学生的思维，使教材的知识变成了学生的学习经验，发展了学生的思维能力。

二、鼓励创造性学习，发挥学生的主体能动性

每名学生都有对未知事物进行主动探索和发现的愿望，学生的好奇心和对知识的主动探索是创造力发展的基础。在以往的教学中，我要求学生认真听讲，并通过反复练习加强对教材的记忆。然而事实证明，这样做既压抑和阻碍了学生的主动性与创造性的发挥，又不能达到良好的教学效果。因此，在以后的教学中，我使用强调发挥学生主动性的教学方法，这样，就使学生尽可能多地参与学习活动。在教师的引导下，学生大胆想象，积极思考，主动地去了解、认识未知的事物，探求不同事物的关系，体验探索的艰辛和成功的喜悦，在学习中发挥自己内在的潜力，培养、发展各种能力，不断提高创造力。例如，在《磁铁》这一单元中，在学习了磁铁的基本性质之后，我提出了这样一个问题："这里有一块有标明分南北极的磁铁，你能用桌上的各种材料，对它进行标记区分吗？"学生的积极性被调动了，他们激烈地争论、反复地实验，最后运用所学知识想出了4种解决问题的方法，从而牢固地掌握了本课的基本知识。

三、尊重儿童个性，鼓励大胆质疑与创新

在过去的教学过程中，教师为了便于管理，往往喜欢用统一的标准来要求所有的学生。这种要求的一致性表现在对学生思维的一致性诱导与对课堂纪律的绝对服从等方面，其结果是使学生形成了循规蹈矩、听从教师指令的思维模式，为使自己的一言一行都符合标准，学生便很难去尝试发表一些独特的见解，这对学生创造性的发展是非常不利的。为了培养学生的创造性，我在课堂上尝试尊重学生的个性，建立新型的师生关系，鼓励学生大胆质疑与使用创新

的方法，肯定学生作为独立个体在个性上的差别，在教学过程中与学生进行交流，用积极、鼓励、平等、宽容的态度，鼓励学生独立思考、大胆提问。例如，在《凸透镜》一课中，我问学生："怎样才能用凸透镜迅速把纸点燃？"学生提出了以下几种设想：①到距离太阳更近的屋顶去做；②把太阳弄得更大一些；③在正午的太阳下进行；④把许多放大镜重叠起来使用；⑤先用许多平面镜把大量阳光汇集起来，再用放大镜聚焦。学生有时会提出许多出乎教师意料的设想，这些想法中有的想法可能很有创造力，有的想法也许不切实际，看上去不合理，但无论正确与否，作为教师都不应过早地否定学生的想法，而应设身处地把自己摆在小学生的位置，体会小学生为什么会产生这样的想法，这样就不会一口否定某些意见，打击学生创造的积极性，让更多的学生在教师的鼓励与赞扬中体会成功的喜悦，这样有利于形成生动活泼、勇于创新的课堂气氛，也就给培养学生的创造性思维提供了一个良好的学习环境。

四、通过实践活动发展学生的创造力

学生的实践活动对其创造力的开发和培养十分有利。首先，实践活动可以激发学生广泛和强烈的好奇心；经常参加实践活动，有助于培养学生发现问题的能力，对生活中各种事物的观察和思考，可以提高学生发现问题的敏锐性，激发学生的创造性思维。其次，实践活动可以锻炼学生解决问题的能力。在发现问题的基础上，学生会积极动脑、动手，寻求解决问题的途径，解决实践活动中遇到的问题。学生可以不受课本的束缚，思维具有较大的自由度，其创造潜能也因此能够得以充分发挥。例如，在《一个指南针》一课中，每名学生都自己动手做一个指南针，在制作的过程中，不少学生充分发挥创造性思维，想出了一些更好的办法，如将原来较难上磁的缝衣针更换成钢线，用硬纸板代替纸条等，都取得了较好的教学效果。

创造力的开发和培养是现代教育的一个重要课题，它不仅是个体完善发展的基础，同时更是现代社会对未来建设者的要求。学生创造力的开发涉及很多方面，学校是培养学生创造力的主要场所，因此，我们要努力在教育教学中培养学生的创造性思维，进一步提高学生的创造性思维能力。

巧用语言杠杆促进科学学习

——谈科学老师课堂语言艺术

✍ 成艳萍 ✍

科学课是一门力求面向全体学生，让学生成为科学学习的主体，以科学探究为核心，磨炼学生的科学思维，促进学生科学素养的形成与发展，关注学生的学习需求和学习体验的课程。在教学中，教师的语言是纽带，是课堂上师生间交流的主要工具，教师有良好的课堂语言组织能力能帮助学生发展思维。苏联教育学家苏霍姆林斯基曾说过："教师的语言素质在很大程度上决定着学生在课堂上的脑力劳动效率。"大量的教学实践证明，教师在课堂教学中语言表达能力的水平影响着课堂教学质量的高低。教师只有不断地追求课堂教学的语言艺术，具有良好的语言修养，才能使教学生动活泼、妙趣横生。

在对科学课堂教学的探究过程中，我们认为，教师语言应"富有针对性、富有教育性、富有情感性、富有启发性、富有逻辑性、富有节奏性、富有精练性、富有时代性、富有幽默性"（引自《教师语言艺术》）。在科学课中，教师不但要把教学语言运用得淋漓尽致，还要重视它的科学性、简明性、准确性、形象性、趣味性、激励性。我认为，在科学课堂的教学中，在以下几个环节尤其要注意运用语言的艺术。

一、在寻找研究问题时，用商榷性的语言正确发挥教师的指导作用

在科学课教学导入阶段，我们经常会遇到这样的问题：当教师提出"这堂课你们想研究些什么？"的问题之后，学生针对这个问题会做出各种各样的回答。许多答案都与教学目标相距甚远，出现这种情况怎么办？这时，教师就应充分发挥语言艺术的引导作用。

《义务教育小学科学课程标准》指出："教师是科学学习活动的组织者、引领者和促进者，对学生在科学学习活动中的表现应给予充分的理解与尊重，并以自己的教学行为对学生产生积极的影响。"以学生为主体的教学活动既不能牵着学生的思维沿着教师预设的轨道行进，也不能排斥教师的指导和引领。教育本身赋予了教师一种特殊身份，教师在与学生沟通和交往的过程中，虽然与学生是平等、民主的沟通和交往关系，但他同时又承担着引导的作用：面对争议，特别是面对一些需要引导的话题，教师应善于和学生对话、沟通，了解学生在想什么，是怎样想的，在学生发言的基础上，教师要引导学生研讨、筛选出基础问题，找出在课堂上可以研究的问题。例如，在教授《溶解》一课时，教师向一名学生提问："关于溶解你有什么想研究的问题？"学生回答："想研究什么是溶解。""物质为什么会溶解？""溶解其实是物质发生了什么反应？""什么物质可以溶解？"面对这些问题，教师不应以"课堂垄断者"自居，发表一锤定音式的"最高指示"，而应充分行使自己也同样拥有的发言权，梳理问题的类型，为学生提供一些更广阔的思路。在充分了解学生思维的基础上与其进行商榷。这时的商榷不是谁压倒谁，谁听谁的，而是引导学生对上述问题进行分析、讨论，互相启发、互相补充和互相完善，从而统一意见，把学生引领到所研究的问题上来。

二、在讨论、汇报时，用引导性的语言发展学生的思维能力

学生的科学思维能力和探究能力的形成与发展是一个渐进的过程，他们不可能一开始就具有完备的能力。因此，教师在教学过程中要发展学生的思维能力，关键在于要运用适当的语言，启发并鼓励学生质疑问难，因为由"生疑"到"解疑"的过程，正是发展学生思维的过程。我们常说，要磨炼学生的思维，而思维是看不见、摸不着的，但是思维是可以听见的！语言是思维的外壳。教师利用引导性的语言让每一名学生都进入思维的空间，再引导他们说出自己进行思维的过程，体现从个体学生的认识转化为全体学生共识的信息同化，体现学生的思维磨合、思维修正、思维发展。在"怎样加快溶解"一课中，学生设计加快溶解的实验并进行汇报时，以往的教学过程往往是一名学生讲，教师忙于板书，其他学生则置身事外，这非常不利于对学生科学思维的培养。因此，当学生发言时，教师可以运用引导性的语言吸引其他学生的注意

力："对于他们的设计你有什么看法？""你认同他们的说法吗？""你是怎样理解这个实验的？""对于他们的实验，你认为要注意些什么？"这样，使其他学生也融入交流和汇报之中，引导学生深入思考。

在课堂上，教师应精选重点知识和学生易错、感到困惑的地方，以简洁明了的语言去启发、鼓励学生见难解疑，思索争辩，培养学生发现问题、解决问题的能力。启发时，教师切不可越俎代庖，先把结论交给学生；教师要抓住关键处，要善于"引渡"，这样才能帮助学生达到活跃思想、拓展思路及发展思维的目的。学生在教师的引导下，经历了科学探究的过程，必然有"山重水复疑无路"的孜孜以求，也有"柳暗花明又一村"的豁然开朗；在实验时有"团结合作力量大"的领悟，在研讨时有"集思广益方法多"的感触。这一切都离不开教师的语言艺术。

三、在进行评价时，用真诚、实在、全面的语言让学生有所提高

教师对学生的评价，对学生探究能力的提高、科学思维的发展起着至关重要的作用，是发展其科学素养的重要手段。教师应用真诚、有的放矢、全面的课堂评价来帮助学生提高其科学素养。

1. 真诚地赞美，让学生感受到成功的愉悦

"感人心者，莫先乎情。"同样一个"好"字，可以说得平淡如水，让人感到有勉强应付之嫌，也可以说得激情满怀。当教师投入情感，用简短、恰当的措辞，热情地对学生的回答给予褒奖时，就会让学生感受到你发自内心的赞赏，激发学生继续探究的动力。

2. 有的放矢地评价，让学生的目标更清晰

自然科学是研究自然事物规律的科学，这种规律往往不以人的意志为转移，是客观存在的。那么，对一个科学问题的表述，其评价必须以客观、公正为基础，不能敷衍、欺骗学生。教师在评价之前，首先，要十分注意倾听，及时觉察学生发言的准确性，了解学生思维的发展过程，才能有的放矢地进行评价。学生在发言时，教师的思维要融入学生的思维，对回答比较好的学生，教师也不能再用简单的"对了""很好""真棒"等空洞的赞美，而应注重内容翔实，有根有据，防止激励性语言苍白无力。也就是说，激励要以事实说话。

这就要求教师充分掌握学生的可比性材料：学生过去的有关情况（纵向可比）和学生在班级或更广范围内所处位置的情况（横向可比），并艺术性地加以运用，进行有效的激励。而其他的学生在关注他人发言、关注教师评价的同时，也有助于形成严谨、细致的科学态度。知道其他人具体好在什么地方，使他们懂得欣赏他人，从中得到启发。

3. 全面地评价，让学生进步更快

《义务教育小学科学课程标准》指出，要关注学生学习的过程，关注学生的情感体验，在评价上要体现多元化，强调评价的促进功能。在课堂评价方面应坚持自我评价、同学评价、教师评价三者结合的形式。当一名学生发言之后，教师不应简单地马上进行判定，而是要通过鼓励性的语言调动所有学生都参与到评价中来，让他们分析这位同学的发言好在什么地方、差在什么地方，启发他们学习其正确的思维方法，修正完善其表述不恰当的地方，使全体学生都参与交流，在学生和学生的互动中共同提高思维水平。

我们常说，"语言是思维的外壳"。在科学教学过程中，教师的语言艺术是为教学服务的，目标是促进学生的发展。巧用语言对学生科学思维能力发展的影响具有不可替代的作用。

5

第五篇

教学反思

优化探究教学　提高课堂实效

——《保护我们的消化器官》教学反思

☒ 成艳萍 ☒

【教学背景】

《保护我们的消化器官》是教科版五年级上学期科学教材第四单元《健康与生活》的第一课。它的三维教学目标分别为：知识与技能——认识人体消化器官，能指出消化器官的位置，了解食物的消化过程；过程与方法——引导学生联系自身的生活经验，采用多种方法去验证，了解人体消化器官及其功能；情感、态度与价值观——懂得保护消化器官对人体健康的重要性，自觉培养健康、科学的饮食习惯。这是一堂以知识为主的讲授课，其涉及的内容不能通过实验来验证或证实，是我们常说的"解暗箱"课。怎样提高学生的学习兴趣，怎样在该课中体现"科学探究是小学生科学学习的主要方式"的观念是在教学设计一开始就摆在我面前的问题。

【教学过程】

在"了解消化器官的消化作用"这一教学环节，在第一个班级的教学中，我发现学生由于生活经验不足对探究过程无从下手等，探究的效果并不理想。因此，在第二个班级的教学中，我改变了教学方法，就产生了不同的教学效果。现分述如下：

第一次教学过程	第二次教学过程
师：消化道各器官均有自己的特点，让我们一起来探究这个消化过程吧！请你们吃泡泡饼，小组合作完成探究	师：消化道各器官均有自己的特点，让我们一起来探究这个消化过程吧！现在，我将泡泡饼发下去，请大家仔细品尝，感受它的变化。 学生品尝泡泡饼

续 表

第一次教学过程	第二次教学过程
活动：各器官的消化作用及泡泡饼的变化。 学生讨论，完成活动记录。 师：请大家来汇报。 生：口，咬碎了饼。 生：食道（没有学生说）。 生：胃，泡泡饼可能会变得更碎了。 生：小肠，变得更碎了，吸收营养。 生：大肠，泡泡饼变成粪便	师：说说它在你口中的变化。 生：在口腔中，泡泡饼湿润、碎、变甜了。口腔咀嚼、搅拌，增加唾液，分解淀粉的作用。 师：咬碎后吞下去，在食道中有什么作用？ 生：食道运输食物，食物在这里没变化。 师：泡泡饼顺着消化道进入胃后，我们就感觉不到了，你认为它进入胃、小肠、大肠后又会有什么变化呢？请小组合作完成探究活动：各器官的消化作用及泡泡饼的变化。 学生探究。 （经过一段时间后，部分小组出现问题：生活经验不足，可交流的内容不多。） 师：请停一下，我发现各组同学都在认真地讨论，但也有些同学遇到了些困难。不要紧，老师给你们看一个课件，看看对你们是否有提示。（播放消化过程的课件） 师：请小组再讨论，完善你们的研究报告。 学生继续探究。 师：请大家来汇报。 生：胃：泡泡饼变食糜，少了；胃有搅拌、初步消化蛋白质的作用。 生：小肠可以吸收营养。 师：食物在小肠还会发生什么变化呢？（观看该器官消化的详细课件，启发学生。） 生：泡泡饼中的营养基本被吸收了，剩下残渣。小肠主要是消化和吸收营养。 生：泡泡饼的残渣中的水分在大肠中被吸收了，变干了。大肠主要是吸收水分，贮存排泄

【课后反思】

对比两次教学，不难看出，在第二次教学中，学生探究获得的收获比较多。我认为这次的成功主要在于以下几点。

1. 以已有的知识为基础，让科学探究更有目的

科学探究必须要有明确的目的，这样才可以提高科学探究的有效性。学生们都喜欢进行探究，喜欢热热闹闹地在玩中学科学的方式，但是怎样做才更科学？才能达到探究的目的？这些问题他们往往没有认真想过，所以教师在一开始就要重点指导，要让学生明确本次科学探究的目的和方向。

在确定探究的目标时，教师也应考虑到学生是科学探究的主体，在设计探究活动时必须要遵循学生的认知规律和以学生已有的知识基础为前提，离开了学生实际能力的探究就如空中楼阁，达不到希望的效果。本课的重点在于让学生认识人体内的消化器官，了解消化的过程并养成良好的卫生习惯。联系学生的实际情况和教材的内容，我觉得，学生对消化器官和消化器官的作用等都有了一定的了解，具有了一些模糊的概念，但他们的这种概念都是零碎的、片面的、不完整的。因此，我让学生先了解消化系统有哪些器官，然后让学生开展对各器官消化作用的探究，有了这个知识基础，学生随后的探究才能做到有的放矢。

2. 注重探究时方法的指导，让学生有章可循

科学探究中学生是学习的主体，为了让学生更好地开展探究活动，教师首先要和学生一起把活动或问题具体化，引导学生有明确的目标和运用正确的方法，知道"我们是在做什么""应当怎么做"，以适应学生具体思维的特点。因此，在此环节我考虑让学生尽可能多地直接参与认识消化器官作用的科学探究活动。但是，学生对消化器官作用的认识是有限的，如在第一次教学中，一开始就让学生开展探究，他们无从下手，能交流获得的知识并不多。因此，在第二次教学中，我先对学生的学习方法进行了指导，让学生在接下来的活动中有章可循，有文可鉴，才能保证科学探究的正确方向，否则极易造成教学时间的浪费、教学效益不高的现象，难以达到预期的教学目标。

当然，对探究方法进行指导并不是在每一次探究活动中都要实施，必须依据学生的学习水平来确定教师的指导力度，应当由简单到复杂，由教师扶着走到逐步开放，由模仿到半独立再到独立逐步进行，最终促进学生探究水平的不断提高。

3. 探究遇难时即时指导，不让探究活动流于形式

科学学习的核心价值是探究，科学的探究活动强调学生的自主性，但并不能忽视教师的主导作用，学生的活动离不开教师的引导和帮助。特别是当学生在探究活动中遇到困难时，教师要及时地给予帮助与指导。例如，在探究胃、小肠、大肠等消化器官的作用时，这个问题不能通过实验来解决，而部分小组的学生日常生活经验少，在讨论的过程中卡了壳，没有可以交流的内容，在这种情况下，如果教师不能及时地给予他们帮助与指导，就会导致学生在探究活动中无所事事或盲目地活动，浪费了宝贵的时间，使探究流于形式，收获甚微。所以在教学中，我发现问题后马上提供新的探究资源——"馒头走过人体消化器官的变化"的课件，让学生能收集新的信息，在探索中不断修正、完善自我认识。所以，学生合作探究时，教师不能袖手旁观，而应密切关注学生的学习过程，随时给予必要的监控和指导。当学生遇到疑难问题时，教师要引导学生去想；当学生的思路狭窄时，教师要启发他们进行拓宽；当学生迷路时，教师要把他们引上正路；当学生无路可走时，教师要和学生一起铺路架桥。这样热热闹闹地进行探究活动后，才能让学生真正有所收获、有所提高，使他们能在活动中体验学习科学的乐趣，增长科学探究能力，在一种轻松快乐的氛围中学习科学知识。

科学探究是小学生科学学习的主要方式，这一小学科学课堂的核心理念已深深地植入广大科学教师的思想与行动之中。然而我们在实际教学中，往往存在着这样一种现象：教师在课堂教学中似乎把探究贯穿于科学活动的每一个环节，但许多探究活动时间短、目标不明确，存在只注重探究形式，忽视实质思维内容的情况，这样的探究还有多少意义呢？

通过这堂课的教学，我认识到，在当前教育教学改革的新形势下，课堂教学在努力追求创新思想的同时又要实实在在地教学。要使课堂科学探究活动更加有效，必须要明确科学探究的目的，并且注重探究过程的科学指导和引导，才能为学生创设一片自主探究学习的广阔天地，让学生真正成为科学探究的主体，成为学习的主人，这样，才能达到培养学生科学素养的最终目标。

"紧扣课标注重探究"成就精彩课堂

——《种子变成芽》教学反思

⊠ 成艳萍 ⊠

【教学背景】

《种子变成芽》是三年级科学下册《植物》单元的第一课时，本单元的设计目的是想通过引导学生种植、培养一株植物来了解这种植物的生长过程，并且以这种植物为载体，在学生的脑海中构建起一个认识植物的"模型"，让这个"模型"去引导学生认识其他植物，成为学生与植物亲密接触的一个开端。因此，作为植物生长过程的第一个步骤，本课时对于后面几课的学习，甚至对于整个单元的延伸都有着较大的引领作用。

关于植物，大部分三年级的学生都知道：植物会生根发芽，会长高，会开花结果。对于教师来说，我也曾经困惑过：我还教什么呀？但仔细阅读课程标准后，我想：学生所知的是他们原有的知识经验，是一般的生长过程，但是，我可以教学生学科学。从知识教学方面来说，教学的任务就是把学生原有的知识、经验变成科学的知识、科学的经验，让他们经历探究的过程，了解种子萌发的科学知识。

【教学过程】

教学流程	教师活动	学生活动	设计意图
一、创设情境，提出问题（种子有生命）	1. 大家回家收集各种各样的种子，通过观察，你发现了什么？	种子的大小、颜色、形状、花纹各不相同	课前让学生收集各种各样的种子，因为种植活动的前提是要有种子，考虑到学生从小生活在大城市，对种子的认识是很贫乏的，为了增加学生的感性认识，我在课前提前布置了这个任务，
	2. 种子的外表千差万别		

教学流程	教师活动	学生活动	设计意图
一、创设情境，提出问题（种子有生命）	3. 今天我也带了两颗豆子，一颗黄豆和一颗大家常吃的巧克力豆，准备把它们种在土壤里，过几天，你猜会发生什么变化？为什么？	黄豆会发芽，因为黄豆是种子。种子有生命力	让学生自己去找一找。在这个过程中，学生会从家人那获得一些关于种子的基本知识，这样，学生在得知种子可以长出一株新的植物后就会产生播种的想法，产生探索的欲望。让学生熟悉种子的结构，为种子发芽做好铺垫
二、探究种子的内部构造（种子的生命藏在哪里？）	1. 黄豆是种子，巧克力豆不是种子，种子能发芽是因为它有生命力，那它的生命藏在哪里？	藏在种子里面	心理学认为，人的心理过程包括认知过程和情意过程，而人的情绪感情又可以促进或阻止人的认知过程。在良好的情绪状态下，认知过程中所表现出来的特征是思维敏捷、反应积极。通过把学生要探究解决的问题巧妙地转化为问题情境，成为学生感知和思维的对象，使探究更富有吸引力
	2. 这是大家的猜测，怎么才能知道自己的想法对不对？	做实验，剥开种子看一下里面是怎样的	
	3. 剥开种子进行观察，是研究种子内部构造的好方法，为了让大家更好地剥开种子，老师准备了一些已经用水浸软了的种子，先说一说，你准备怎样来观察？	从外向内剥，小心地剥……	解剖种子，比较认识种子的内部特点时，我在种子数量上进行了限制，小组4名同学每人选择分发到的4颗不同种子中的一颗进行解剖，并让他们在完成以后，比较一下组内其他同学种子的异同点。因为在日常的教学中我发现实验材料太少，会使部分学生成为探究的旁观者，而过多的实验材料会使学生一味贪快，解剖和观察不够细致
	4. 观察的要求：从外向内细心地解剖种子；将各个部分整齐地放在白纸上并将你们看到的结构在纸上画下来或写下来。（1）学生分组观察。（2）学生汇报	花生有种皮、豆瓣、小芽；玉米还有一些浆	
	5. 花生有种皮、芽和豆瓣，玉米有种皮、小三角块、芽和一些浆。通过解剖，你们发现种子内部有这些结构，那你们认为最后哪部分会变成芽？	芽会长成植物	培养学生自己观察、自己记录的科学研究习惯，提高科学探究能力

教学流程	教师活动	学生活动	设计意图
二、探究种子的内部构造（种子的生命藏在哪里？）	种子的生命力就蕴藏在芽里面，将来它会长出根、茎、叶，成为一株新的植物	芽会长成植物	培养学生自己观察、自己记录的科学研究习惯，提高科学探究能力
	1. 正因为种子能传宗接代，让植物一代一代繁衍下去，所以人们通过播种区划获得新的植株。不过，前几天老师将一些豌豆同时种在了土壤里，过了几天产生了一个奇怪的现象，其中一盆发芽了，另一盆却没有。内部结构一样，为什么一些发芽，一些却不发芽？可能是什么原因呢？	不发芽是因为种子死了；不发芽是因为天气不好	让学生从现象中发现问题，学会提出合理的假设，并提出验证假设的方法进行验证
三、探究种子发芽的条件	2. 种子能发芽，前提条件是种子必须是有生命力的，即是活的种子。同时，必须有合适的条件，你们认为种子发芽必须有哪几个条件？请小组讨论一下。 （1）学生分组讨论。 （2）学生汇报。 教师小结：你们认为种子在发芽的过程中，这些条件都是必不可少的吗？例如阳光。种子埋在土里，阳光有什么用？——只是为了温暖？那如果已经很温暖了，没有阳光行不行呢？——行。 例如肥料。种子里面有两个大大的豆瓣，或者有很多胚乳，它们又会长成芽，那在种子里有什么用？——提供	有泥土、水分、阳光、肥料，把种子埋在泥土里，淋水	播种是以后一切活动的起始，怎样让学生正确播种是极为关键的。种子的成长需要哪些条件？在"交流—实践—再交流"中，让学生用自己已有的知识进行一个自主探究的过程，促进学生间的相互配合，让学生学会与他人合作播种是以后一切活动的起始。怎样让学生正确地播种是极为关键的

续 表

教学流程	教师活动	学生活动	设计意图
	营养。所以种子发芽不一定非要肥料不可。不过，人们在实际生产中，也会在播种时下一些基肥，它主要的作用是促进植物早期生长。 小结：种子萌发需要水分、温度、土壤	有泥土、水分、阳光、肥料，把种子埋在泥土里，淋水	种子的成长需要哪些条件？在"交流—实践—再交流"中，让学生用自己已有的知识进行一个自主探究的过程，促进学生间的相互配合，学会与他人合作
三、探究种子发芽的条件	3. 按照你们说的这些条件，老师送给每个小组几颗种子，这里也有许多材料，请你们为它安个家，让它们苗壮成长。 （1）小组拿材料，种植。 （2）学生汇报 4. 你们认为种子发芽需要这些条件，也按自己的设想给种子安排了一个舒适的家，你是怎样播种的呢？	种在泥土中，淋些水，放在生物园里	让学生通过实验验证自己的猜想，让学生经历发现问题—分析假设—验证解决问题的过程。同时，让学生对种子发芽后有继续探究的欲望，为下一课的探究学习打下基础
	5. 那它会不会发芽呢？我们要靠实践来检验。发芽过程中还有许多有趣的秘密，怎样才能记录下来？用什么形式？写还是画？要记录些什么？	写观察记录，写时间、情况变化等；画苗高，写上时间	"知识不是老师传授的，而是学生根据已有的知识经验建构而成的。"在这个教学环节中，教师没有刻意去引导学生使用正确的记录方法，但是我相信，只要是在学生感兴趣的小活动中，让他们自然而然地生成了他们的想法，就会激发他们的创意。同时这个长期的观察和记录过程，也成为培养学生正确的学习态度的最佳载体，也是培养学生探究精神的最佳载体
	6. 对，观察记录能让我们更全面地了解种子萌发的过程，就请同学们每天细心地观察，把变化记录下来，下节课我们来汇报你们的发现，比一比谁记录得最好		经历了一节课的学习后，学生对于怎样播种必然有了更好的认识，所以对于最后老师送给小组的种子，也有了特别的意义。再播一次种，既是对本课的学习小结，更是对本单元下面几节课的延伸

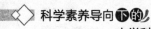

【课后反思】

《种子变成芽》是三年级科学《植物的一生》单元中的第一课，根据《义务教育小学科学课程标准》中的规定，本单元属"生命世界"内容。"生命世界"的内容标准的确定是要让学生尽可能多地去认识不同种类、不同环境中的生物，进而对多种多样的生物有比较全面的认识。作为学生，已经学过"我的大树"和"美丽的叶"这些植物方面的内容，在本单元中要让学生进一步去认识周围其他的植物，获得对植物生长变化过程的科学了解；培养学生认真、细致地观察植物的一生，坚持做连续的观察记录的科学精神，使学生从中产生珍爱生命和进一步探究的欲望，体验收获的快乐。

作为本单元的第一课，教学活动包括"观察种子""播种""种子长出芽以后的观察记录"，教师要让学生知道，种子能发芽是由其内部构造与外界环境共同决定的，让学生在一节课中既能了解种子的内容构造，又体验到一种生命萌发的动态过程，并且能保持他们的学习兴趣，将这种情绪延续到今后几课的学习中，这是本堂课教师要关注的。在执教这堂课的过程中，我有以下体会。

1. 认真钻研教材，紧扣《义务教育小学科学课程标准》，弄清编写意图

教材好比"剧本"，要演好戏，首先要读好"剧本"；同样，要上好课，首先要读好教材。现在的教科版科学教材尊重学生的主体地位，引导学生去"猜一猜""做一做"，图文并茂，生动、有趣，因而很受学生的欢迎。作为一名教师，更应该认真钻研教材、联系《义务教育小学科学课程标准》中的"内容标准部分"，弄清编写意图，才有助于教师明确"教学目标"，做好"教学准备"，优化"教学过程"，真正做到"心中有数"。

在这节课的教学设计中，对于"解剖种子，了解种子的内部构造"这一内容，到底该不该向学生出示"胚芽、胚根"这些专业名词，在对《义务教育小学科学课程标准》进行了详细地阅读后，我发现，在"内容标准"部分并没有出现要求学生掌握相关的专业名词。虽然在新一轮的课程改革中，教材的功能发生了很大变化，教师可以根据本地、本班级的情况，有选择地使用教材，但是《义务教育小学科学课程标准》不管对教材的编写者，还是对教师都具有很强的制约作用。教师在教学过程中也一定要想方设法落实这些内容标准。因为

它们不但是教学过程的质量规定，也是教学评价的指标标准，教师必须认真对待，盲目地提高教学要求、解释严谨的科学名词只会背离学生的认知水平，挤占学生科学探究的机会与时间。我想，只要学生保持探究科学知识的兴趣，随着学生知识水平的提高，他们将会更好地接受这些科学名词。

2. 挖掘教材内涵，引导学生积极探究

科学探究是科学学习的中心环节，科学探究可以使学生体验到探究的乐趣，获得自信，形成正确的思维方式。第斯多惠就曾说过："要给予儿童真知，更要引导他们主动寻求真知。"引导学生通过亲身探究和实践，学生才容易真正理解和获得知识。

在研究种子萌发的条件时，我没有泛泛地讲解具体的条件，而是给学生以充分的探究时间、空间，让学生勤于探究、乐于发现，让学生在原有认知结构（知识经验）的基础上，运用"假说—验证"或"感知—分析"对问题进行讨论，在学生充分交流学习的基础上再设计验证方案，通过观察，有了用文字和图记录的科学事实，再进一步整理、分析，提升、获得科学的知识。在种子发芽的过程中，学生学会了用科学推理解决生活问题，不仅可以使学生的思维得到很好的锻炼，而且有利于培养学生解决问题的能力。学生自主获取知识或信息，对于培养学生学会学习、终身学习具有重要意义。

"授人以鱼，不如授人以渔。"紧握《义务教育小学科学课程标准》，注重学生探究，才能让学生在科学的天地里自由翱翔！

思维先行　探究着手

——"探索沉浮的秘密"教学反思

☒ 成艳萍 ☒

【教学背景】

《改变物体在水中的沉浮》一课是三年级下册科学教材《沉和浮》单元里的第二课，学生已经研究了物体的沉浮和物体的大小、轻重的关系。本课的目的是在此基础上引导学生换个角度来思考"怎样利用物体沉浮和物体大小、轻重的关系来改变物体的沉浮状态"这一课题，让学生自行探究改变物体沉浮的办法。

沉浮现象是学生身边常见的现象，这是我们组织教学的有利条件，但学生对这种现象没有深思，更不知沉浮的规律。因此，教师可以加以引导，提高学生对探究的兴趣。

【教学理念】

本课时遵循新课程教学理念，以引导、合作、探究的学习方式进行教学，希望学生通过"发现问题—实验探究—归纳总结—迁移应用"这一过程来学习科学观察、科学实验、科学探究的方法，通过对物体在水中沉浮状态的改变的探究活动，充分发挥学生在科学探究活动中的主体作用，让学生体验并学习科学研究的一般方法，体验科学探究的乐趣，增强探究事物的兴趣和好奇心。

【教学目标】

认知目标：通过对几种物体在水中沉浮状态的探究，知道改变物体在水中沉浮状态的方法。

技能目标：通过在实验中思考、设计、操作、记录，了解设计实验、探究科学的基本技能。

情感目标：在学习科学的过程中，培养学生敢于探索、积极思考，形成良好的科学态度和行为习惯。

【教学重难点】

通过对几种物体在水中沉浮状态的探究，知道改变物体在水中沉浮状态的方法。

【课前准备】

分组实验材料：水槽、小药瓶、橡皮泥、泡沫塑料、石头、橡皮筋、吸管、易拉罐等。

演示实验材料：塑料笔帽、橡皮泥、矿泉水瓶。

【教学过程】

第一次教学过程	第二次教学过程
一、探究部分 1.师：（出示小空瓶、橡皮泥、萝卜、泡沫）现在把它们都放进有水的水槽里，会怎样？ 生：浮起来。 （教师示范演示） 师：现在有没有办法改变它的沉浮状态？请小组讨论一下。 2.师：刚才大家想了这么多的方法，你们想不想亲自去试试？老师为大家准备了一些物体，看看这些物体能用到什么方法中去？用这些物体还能想出哪些新的办法？看哪个组想出的办法最多。请大家说说你们组用了什么方法。 生：绑着石头、绑着铁钉、装满水…… 3.师：看来大家做实验时都非常认真，在我们刚才做的这么多的实验中，有没有相同的地方，比如把萝卜和泡沫绑起来，萝卜就浮了上来，我们借助了什么？	一、探究部分 1.师：今天第一个实验材料是一个小空瓶，把它放进水槽里会怎样？ 生：浮起来。 2.师：现在，我希望这个浮起来的小瓶能沉下去，你们有办法吗？请小组讨论一下。 3.老师：刚才大家想了这么多的方法，你们想不想亲自去试试？老师为大家准备了实验材料，除了小瓶，还有一些其他物品，看看它们对你的实验是否有帮助。在改变物体沉浮状态的过程中，看哪个组想出的办法最多，等一会儿请大家上来展示自己的方法。 4.师：请大家说说你们组用了什么方法。 生：绑着石头、绑着铁钉、装满水…… 5.师：大家可以通过各种方法改变小瓶子的沉浮状态，对于其他物体，我们有办法改变它们的沉浮状态吗？让我们再来接受新的挑战吧！现在，我们的实验对象是橡皮泥、萝卜、泡沫。这次，你们又能用什么办法改变它们的沉浮状态呢？比如让漂浮的泡沫块沉下去，让沉下去的胡萝卜和橡皮泥浮起来。大家在思考、实验的过程中，请填写实验记录，把简单的方法记录下来

续 表

第一次教学过程	第二次教学过程
4.师：看来大家做实验时都非常认真。在我们刚才做的这么多的实验中，在令浮起来的物体沉下去时，你们有没有用到相同的方法？ 生：在浮起来的物体上增加质量，或者说借助了一些物体令它们沉下去。 师：在令沉下去的物体浮上来时，你们有没有用到相同的方法？ 生：同样，把萝卜或橡皮泥和泡沫绑在一起，萝卜或橡皮泥就浮起来了，我们借助了浮上来的物体。 师：那把橡皮泥由块状变成小船状时，它就由沉变成浮，这时改变了什么？ 生：形状。 5.教师：通过这一系列的探究，我们发现，要改变物体沉浮的状态，可以通过以下几种方面： （1）借助其他物体。 （2）改变物体体积。 （3）改变物体质量	6.师：请大家说说你们组用了什么方法？ 生：…… 7.师：看来大家做实验时都非常认真。在我们刚才做的这么多的实验中，在令浮起来的物体沉下去时，你们有没有用到相同的方法？ 生：在浮起来的物体上增加质量，或者说借助了一些物体令它们沉下去。 师：在令沉下去的物体浮上来时，你们有没有用到相同的方法？ 生：同样，把萝卜或橡皮泥和泡沫绑在一起，萝卜或橡皮泥就浮起来了，我们借助了浮上来的物体。 师：那把橡皮泥由块状变成小船状时，它就由沉变成浮，这时改变了什么？ 生：形状。 8.师：通过这一系列的探究，我们发现，要改变物体沉浮的状态，可以通过以下几种方法： （1）借助其他物体。 （2）改变物体体积。 （3）改变物体质量

【课后反思】

　　《探索物体的沉浮》是三年级科学课程中的经典一课，我设计这节课时，原来是考虑到《义务教育小学科学课程标准》比较注重学习的过程，而且本课的教学内容是开放性的，所以在设计教学时，我力求给学生们创设一个广阔的空间，让他们能自主地活动和进行科学探究。学生运用科学的方法进行活动，经历了探究的过程并体验了物体沉浮变化的过程，学会了分析问题、解决问题的方法，以及培养了收集、记录和表述信息的能力。但是通过第一个班级的教学，我却发现，学生热热闹闹的探究并没有取得预想的效果，许多学生在进行"改变物体沉浮状态"的实验时，没有目的、没有设想，只是随随便便地把实验材料放入水中，不知道自己为什么要这样做，教师所预设的一系列探究实验完全不能发挥作用。学生活动之后并没有找到许多改变物体沉浮状态的方法。这令我不得不反思我的教学方法。最终我发现，课堂中缺少让学生思考的时间，学生盲目地探究导致没有发现、没有提高，这是本课最大的问题。因此，在之后的教学中我根据学生的实际情况、教材内容和教育资源以引导、思维、合作、探究的学习方式开展教学。学生通过仔细思考、同学间互相讨论、取长补短，之后再进行探究实验，实验的目的性强了，学生边做边思考，在探究中不断地提高，教学取得了预期的效果。通过这堂课的教学，我更深刻地认识到思维活动在科学课中的重要地位。在教学中，我发现，通过巧妙的设计，适当的引导，能大大提高培养学生科学思维能力的效果。

1. 从简到繁，培养学生迁移应用的科学思维

例如，在第二次教学中，探究如何让橡皮泥、萝卜、泡沫改变沉浮状态时，我要求学生运用多种方法达到目的。学生经过讨论，认为把泡沫绑在石头上、绑在铁钉上等都可以让泡沫沉下去，胡萝卜绑着泡沫、绑着小空瓶等都可以让胡萝卜浮上来。我问学生是怎么想到这样做的，学生说："是从刚才改变小空瓶沉浮状态中学来的。"又有学生补充说："是从日常生活经验中想到的。"……我表扬学生是善动脑、勤观察的好孩子，再次提出用自己学过的各种方法和生活中得到的各种经验来研究"改变物体的沉浮状态"的方法，将所有的发现记录下来，同学间可以相互交流经验……由简单的小空瓶的沉浮入手，迁移到复杂的探究——如何让橡皮泥、萝卜、泡沫改变沉浮状态；由单人设想、多人参考，发展到全班交流研究；将生活经验、旧的方法迁移、渗透到新的研究中。可想而知，学生的发现肯定是多的，以"沉浮"为载体的科学思维能力的培养也必然会取得成功。

2. 从"设计"到"探究"，培养严谨的科学思维

小学科学教材由一组组有一定价值趋向的结构性的活动贯穿教材的始终，典型的科学探究活动成了科学课程实施的主要形式。活动的设计与探究过程，是培养学生灵活思维能力的好途径。如《探究沉浮的秘密》一课，在这之前，学生对物体的沉浮、沉浮与哪些因素有关等知识已有一定的了解，我让学生在改变小空瓶沉浮状态的基础上，谈谈自己的发现；然后提供药瓶、橡皮泥、塑料泡沫、石头、橡皮筋、吸管、易拉罐等材料，让学生设计改变橡皮泥、萝卜、泡沫沉浮状态的方法。尽管学生提出的方案很多，有些还确实符合科学实际，但对每名学生而言，通常只提出了一种方案，而且竭力维护自己得出的方案。在小组合作的过程中，我引导学生多思考，自己发现问题，提高自我纠错能力，共同选出可行的方案。在讨论的过程中，引导学生检验实验方案的合理性，找出各方案的可取之处，再引导学生公正评价每种方案，进行类比，提出修正方案，探索解决问题的新途径；或者鼓励学生多问几个"能行吗""为什么"，提高严谨的科学思维能力。最后分组探究时，由于此时全班学生讨论出的众多方案已在每名学生的头脑中起到了思维方式的引导作用，各种新颖、奇妙的方案便接二连三地产生了。学生在探究中反思，在反思中不断调整，直至找到更多更好的方法。在这个教学过程中，学生情绪高涨兴致勃勃，奇思妙想层出不穷，思维与动手能力都得到了极大的提高。

3. 从"思维"到"语言"，提高表达科学思维的能力

思维和语言是紧密联系的，学生思维能力的发展和语言的使用能力是分不开的。许多学生经常会想到各种各样的方法，却苦于不会用语言来表达，由于他的表达不清晰，所以得不到其他同学的肯定。长此以往，他就会怀疑自己的想法，逐渐变得不爱思考，由此科学思维能力的培养也就成了一句空话。为了避免出现这种情况，我在教学过程中通过经常使用课堂提问、交谈等形式，培养和提高学生的语言表达能力，力求让学生精确、清晰、系统地表达自己的逻辑思维过程。

科学课程是以学生的亲历为探究过程，以培养学生科学素养为宗旨的，科学素养的形成是长期的、复杂的过程。实践证明，通过科学课堂培养的科学思维能力，注重学生从小形成良好的科学思维品质，对其一生的科学素养的形成，对于学生的全面发展，无疑有着重要的意义。

以任务驱动促思维的提升

——《运动与天气》教学反思

◎ 成艳萍 ◎

【教学目标】

知识目标：经历研究的过程，帮助学生知道天气与运动的关系，并能根据天气情况确定运动会的时间。

能力目标：培养学生对信息筛选、整理、综合应用的能力，提高自主学习能力。

情感、态度与价值观目标：引导和帮助学生开展活动，在探究过程中发展学生的求知欲。

【教材分析】

《运动与天气》是四年级科学教材《变化的天气》单元的最后一课。在本单元中，学生已经学习了气候的基本要素、天气的多样性、天气与人类的关系、天气预报等多方面的知识。本课的目的是在此基础上引导学生根据这些已知的知识，联系自己的生活实际，对丰富的信息进行简单的整理、概括、应用，希望学生在研究的过程中懂得天气与运动有关，并能根据天气情况确定运动会的时间。因此这是一堂分析信息和思维训练课。

本课教学主要有4个环节。①从短片引入，用日常生活经验引出本课的主题——"运动与天气"，这是知识点的学习。②用一个典型的例子（北京奥运会为什么在8月举行？）让学生学习整理分析资料，找到解决问题的方法。③在学生汇报的环节，在教师的带领下，学生学会分析资料，促进科学思维的提升。④在学生获得经验后开展综合拓展活动，产生一个新的任务（设计模拟现场），让学生为广州亚运会选择时间。在这个环节中，我让学生用已学过的

135

方法，筛选有效的资料，最后完成任务。

【课时安排】

一课时。

【教学方法】

主要通过"任务驱动"的方法"提出问题—收集信息—筛选整理—得出结论—迁移应用"的探究过程来达到教学目的。

【教学策略】

多媒体教学、小组研讨、分别汇报。

【板书设计】

```
                    运动与天气
一、你喜欢什么运动？
羽毛球、篮球、游泳……
二、你进行这些运动时，会考虑哪些天气因素？
降水、风速、温度……
三、举办大型运动会，主要要考虑什么天气因素呢？
降水、风速、温度……
```

【教学过程】

教学流程	教师活动	学生活动
一、导入	1. 播放运动的影片	1. 观看运动的影片
	2. 运动令人振奋，运动让人快乐。你们喜欢什么室外运动？	2. 学生回答：我喜欢游泳，我喜欢打羽毛球，我喜欢打篮球
	3. 你们在进行这些运动时会考虑哪些天气因素？	3. 学生回答：我喜欢在炎热的时候游泳，没有风的时候打羽毛球，不下雨的时候打篮球……
	4. 小结：原来你们去运动会会考虑气温、风素、降水等因素	

续 表

教学流程	教师活动	学生活动
一、导入	5. 大家喜欢的运动还有很多，我们在进行其他运动时会考虑天气因素吗？	5. 学生回答：会
	6. 小结：可见运动与天气有着密切的关系。今天我们就来研究运动与天气的关系	
二、新课	1. 把各种运动都集中起来进行比赛，这就是运动会了，中国人民期盼已久的第29届奥运会在北京举行。你知道它的举办时间吗？	1. 学生猜测……
	2. 北京奥委会将比赛时间定在8月，你知道是为什么吗？	2. 学生回答：8月的北京温度适宜、降水时间短、风速低于奥委会要求，对一些户外的运动如田径、自行车赛等项目影响小，综合来看是最适合运动员发挥水平、最适合比赛的时间选择
	3. 这些只是大家的猜测，今天我们要从气温、降水、风速等天气因素分析奥运会为什么会选择在8月举行。 其实，奥委会选这个日子是有科学依据的。今天我们准备了资料，你们能否通过阅读、整理，从中找到依据并记录下来？ （1）请小组内交流、讨论自己收集的有关运动与天气的资料。 （2）请学生汇报。 （3）教师小结：通过对资料、数据的分析，我们发现8月的北京温度适宜、降水时间短、风速低，综合来看是最适合运动员发挥水平，最适合举办奥运会的时间。除此之外，我们也知道了举办大型运动会要考虑天气因素。 （4）中国人盼了几十年，终于让奥运会在我国举行	
三、拓展活动	1. 2010年，广州要举办第16届亚运会，亚运会组委会至今还没有选好具体比赛的日子，请你帮助亚运会组委会为亚运会选一个合适的比赛时间。为亚运会选时间，你需要什么资料呢？	1. 学生回答：要广州市近几年的气象数据，要一些比赛项目对天气状况的规定等
	2. 老师将广州近年来各月的平均气温、降水、风速资料分发给同学，请你们进行研究，确定比赛日期，等一会上台做陈述报告，说说你选的日子和依据。 （1）小组讨论。 （2）学生汇报，其他同学可质疑	2. 学生汇报自己所选的时间： 9月、10月、11月

续 表

教学流程	教师活动	学生活动
三、拓展活动	3. 大家各有各的理由。今天通过对运动与天气的学习，在为亚运会选日子这个问题上，没有得出唯一的答案，因为单从简单的气象数据分析，广州10月、11月都可以举办亚运会。为了得到更好的答案，请同学们课后再去查找更多具体的天气数据，分析一下到底10月和11月哪个月份更合适。 小结：请你课后给亚运会组委会写封信，告诉他们你选择这个日子的理由，看看你能否用科学的数据说服他们接受你的意见，为广州最终确定比赛日期提供参考	

【课后反思】

这是完全没有实验的一堂研讨课。在教学设计中，我采用了"任务驱动"的教学设计方法，整堂课学生围绕着一个具体的任务"北京奥运会为什么在8月举行？如何为第16届广州亚运会选择一个合适的时间？"来进行探究。

在这堂课的教学中，我发现了这样一个问题：科学探究需要强调学生的自主性，是不是在组织学生开展科学探究学习活动时什么问题都要由学生自己提出，什么知识都不能由教师告诉学生？在设计"从运动与天气的关系的角度考虑2008年北京奥运会举办日期"这个探究活动时，我考虑了两种方式：一是事先提示学生北京已经选择在8月份举办奥运会，再让学生查找资料，通过资料分析这个时间选得好不好；二是不提示北京已经选好了8月，直接就让学生独立地为奥运会选日子。在设计时，我考虑到两者各有优劣，具体设计如下。

1. 事先提示8月的设计

优点：①不会和拓展活动中为亚运会选日子的活动重复；②在学生对运动与天气关系没有太多了解的情况下，从这个日期的选择可以知道专家们选择日期的方向，能够顺利地在资料中找出天气与运动关系最大的几个因素。

缺点：学生思路受到一定的限制，容易将目光着重放在8月的北京气象资料上，而忽略了其他气象数据和资料。

2. 不提示8月的设计

优点：可以发挥学生的主动性，让学生更充分地研究资料得出结论，培养学生的开放性的思维能力。

缺点：①和拓展活动中为亚运会选日子的活动重复；②面对众多资料，学生在对运动与天气的关系没有太多了解的情况下找到正确的比赛时间会比较困难。

这堂课我在三个学校的四个不同情况的班级授课，通过不同班级授课后的反馈情况我发现，其实两者都可以在教学中使用：在我所在的学校和朝天小学，学生事先上网，去图书馆进行了大量的资料查找、收集工作，在对运动与天气有了一定了解的情况下，用"不提示8月"的设计能发挥学生学习的主动性，让学生更充分地研究资料后得出结论，有利于培养学生的开放性思维能力。而在四会市的一所学校中，我发现学生没有条件收集这些资料，在学生对运动与天气的关系几乎一无所知的情况下，我选择"事先提示8月"的设计会让学生更容易地进入学习状态，为接下来的学习做一个良好的铺垫。

《义务教育小学科学课程标准（2017年版）》强调探究式学习，倡导让学生通过探究获得知识，而不是通过验证理论获得知识，课堂上教师不应多讲，不能侵占属于学生的自主学习时间。因此在课后研讨的时候，有的教师认为不应选择"事先提示8月"的设计方案，但是我个人认为教是为学服务的，教师在设计教学时首先要考虑学生的情况，如果离开了学生具体的知识能力、认识水平，盲目地让学生进行全开放式的自主探究，学生的探究就会像老鼠拉龟一样——无从下手，就像四会市的这些学生对天气因素与运动关系没有什么了解的情况下，就这样把一张白纸发给学生，让他们研究，把结论写下来。这个时候学生肯定会大眼瞪小眼，无从下手，这时的探究就会令学生觉得高不可攀，从而令教学中最重要的探究部分流于形式。《义务教育小学科学课程标准》提倡探究，是因为探究过程本身不仅可以使学生的思维得到更好的锻炼，更有利于培养学生解决问题的能力，是科学精神、科学态度、科学方法培养的主要途径。一个仅仅看上去似乎能发挥学生主体性的虚假的开放性研究，是不能真正培养学生的探究能力的。有时教师一句提示就能给学生一个探究的方向，讲和不讲、谁来讲、讲多少应该从教学的实际需要出发。

通过这堂课的教学，我深刻地体会到教学方式没有绝对的好与不好，只有相对于学生合适与不合适的差别。事先对教材、学生进行深入的分析，根据具体情况设计教案，对于一个面对课程改革，践行《义务教育小学科学课程标准（2017年版）》的科学教师来说，是一个需要我们不断探究的课题。

【课例点评】

整个教学设计，成老师能根据学生的年龄和认知特点，采用"任务驱动"的教学设计方法，整堂课都是围绕"举办大型运动会的选期要考虑什么天气因素"这一任务进行的。采用这种教学设计，会让学生学习目的明确，参与性强。教师在课堂上主要是进行方法的指导，引导学生从各方面考虑问题，分析丰富的信息，去尝试、去创造，并在此过程中听取他人的意见，最后综合解决问题。当这一任务完成的时候，学生体会到自己探索带来的成就感，从而充分激发学习的兴趣，调动学习的积极性和主动参与意识，并且，学生在掌握了基本方法后能够触类旁通、举一反三，提高完成类似"任务"的能力，提高自主学习能力，产生学习迁移。因本课能引导学生根据这些已知的知识，与自己的生活实际相联系，对信息进行简单的整理、概括并应用，希望学生在研究的过程中能够懂得天气与运动的关系，并能根据天气情况确定运动会的时间，是一堂较成功的分析信息和思维训练课。

搭建支架，为学生走向科学探究而努力

——《抵抗弯曲》教学反思

⊠ 成艳萍 ⊗

【教材分析】

《抵抗弯曲》是教科版小学科学六年级上册《形状与结构》单元的第一课。本单元是从不同形状结构的物体与它所能承受的力的大小的视角，联系学生身边熟悉的事物，来引领学生探究常见的形状和结构，最后进行综合和应用。作为本单元的起始课，《抵抗弯曲》一课在知识和探究技能方面为本单元的后续研究奠定了基础。

【教学目标】

1. 科学概念

（1）房屋、桥梁结构中有"柱"和"梁"，梁比柱容易弯曲。

（2）增加梁的宽度可以增强抗弯曲能力，增加梁的厚度也可以增强梁的抗弯曲能力。

2. 过程与方法

（1）识别和控制变量、记录数据、分析数据并得出合理结论。

（2）用简单的实验说明横截面为长方形的横梁为什么都是立着放的。

3. 情感、态度与价值观

能够大胆假设，又能在实验中小心求证。

【教学重难点】

纸的宽度、厚度与抗弯曲能力的关系的研究；对科学实验的变量识别与控制，分析数据并得出结论。

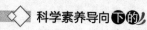

【教学简述】

课堂教学立意：学生在教师为其搭建的探究支架的帮助下进行任务驱动式的自主探究。

课堂教学立序：以"科学来自生活，科学服务生活"为主线索将学习中的各个活动环节串起来。

课堂探究环节：生活导入——从建筑内部框架结构的视频、建筑倒塌的课件和筷子弯曲实验自然而然地引出"梁比柱容易弯曲，怎样增强横梁抗弯曲能力"这一课题，从而将学习内容转化为学生的内在需求。探究为主——本课探究活动主要分为三个部分。第一部分：纸的宽度与抗弯曲能力大小的探究活动。本探究通过教师的引导，学生通过思考猜想、设计实施、汇报总结得出"纸的宽度增加，抗弯曲的能力也会提高"的结论。第二部分：纸的厚度与抗弯曲能力大小的探究活动。学生在第一部分的基础上自主设计实施方案，得出"纸的厚度增加，抗弯曲的能力会显著提高"的结论。第三部分：形成科学概念。根据两次实验的数据，引发学生思维的碰撞，通过与信息技术、数学等学科知识的整合进行分析整理，将感性认识上升到理性认识，从而帮助学生建构科学概念。迁移应用——用"横梁平放还是立放好"的问题引发学生的思考，将探究从课堂延伸到课外，拓展学习空间。

【教学过程】

1. 生活导入

（1）引语：生活中有很多形态各异的建筑，这节课我们将从形状和结构的角度探索建筑的奥秘。

（2）了解建筑内部框架结构（梁和柱）：观看视频、实地观察、课件展示。

（3）梁与柱抵抗弯曲能力的对比：筷子实验。

（4）引发问题：梁比柱容易弯曲，怎样增强横梁的抗弯曲能力？

2. 探究为主

第一部分：纸的宽度与抗弯曲能力大小的探究活动。

（1）猜想——横梁抵抗弯曲能力和哪些因素有关？课件展示、讨论汇报。

（2）设计——师生共同制订实验研究方案，确定变量与定量、实验操作标准。

（3）学生分组实验。

（4）汇报、小结、归纳：课件、电脑软件（宽度增加，抗弯曲能力增强）。

第二部分：纸的厚度与抗弯曲能力大小的探究活动。

（1）学生自己设计并完成实验。

（2）学生汇报、小结、归纳：课件、电脑软件（厚度增加，抗弯曲能力大大增强）。

第三部分：形成科学概念。

分析对比实验数据：课件、电脑软件（增加宽度和厚度均能增强抵抗弯曲的能力；增加宽度抵抗弯曲的能力成倍增强，增加厚度抵抗弯曲的能力则呈几何级增强）。

3.迁移应用

生活中的横梁：学生课后拓展科学探究。

4.板书设计

```
                    抵抗弯曲
     定量    变量    梁比柱容易弯曲
     材料
     长度    宽度    梁的宽度增加，抗弯曲能力增强
     跨度           梁的厚度增加，抗弯曲能力大大
     厚度           增强
```

【实验记录】

1.纸梁的宽度和抗弯曲能力的研究

纸梁的宽度和抗弯曲能力的研究见表1。

表1　纸梁的宽度和抗弯曲能力的研究

不变的条件：厚度、长度、跨度……			
改变的条件：宽度	倍数	预测放几个垫圈	实测（个）
	1倍		
	2倍		
	4倍		
我们的发现：			

2. 纸梁的厚度和抗弯曲能力的研究

纸梁的厚度和抗弯曲能力的研究见表2。

表2　纸梁的厚度和抗弯曲能力的研究

不变的条件：			
改变的条件：	倍数	预测放几个垫圈	实测（个）
	1倍		
	2倍		
	4倍		
我们的发现：			

3. 对比两个实验的数据，你们发现了什么？

_____

_____

【教学反思】

"科学学习要以探究为核心"，这是科学课改的重要理念。在教师转变观念，给学生更多自主探究的空间与时间的同时，我们要清楚地意识到学生探究不等于教师当上了"甩手掌柜"，我们要让学生明白为什么要探究、怎样探究，从而提高探究的有效性，这就需要教师搭建相应的支架，帮助他们逐步攀上学习的高峰。

我设计的《抵抗弯曲》一课，以任务驱动引发学生自主探究，从而使学生获得知识，提高能力。为此，我巧妙创立、积极搭建学习支架，根据学生的认知规律和学习内容多角度地提供解决问题的资源、工具、方法，为学生学习过程提供有力的支撑，以减轻学生的认知负担，促进科学探究的有效进行。

1. 搭建活动支架——设计符合学生认知的学习流程，精选严谨的实验材料

有效的学习流程能让学生通过探究构建知识、形成科学观念、领悟科学研究的方法，这样的学习是一个富有个性的生命历程。本课的学习先从生活导入，激发学生科学探究的激情，再到思维碰撞提升学生的科学素养。教师由扶到放的实验设计实施、严谨的数据分析、建构科学概念，一直到课后的迁移应用——符合学生特点的学习流程，让科学探究发挥出更佳的教学效果。

严谨的材料选择是课堂教学成功的催化剂。本次科学探究的目标是"研究条形材料抗弯曲能力与形状的关系"（见表3），课本上展示的实验主材料是纸，本着实事求是、科学严谨的态度，课前我反复思考、试验，以选取最佳的实验材料。

表3　研究条形材料抗弯曲能力与形状的关系

材料	优点	缺点
纸	品种多，选择空间大；实验过程中改变形状不易出现断裂，材料可反复使用，环保卫生	纸太薄，不能承重；纸太厚，承重太大，不易变形，实验效果均不理想；纸的厚度：实验中2倍、4倍厚的纸要用胶水全部黏住，不是真正意义上的2倍、4倍厚的纸。而用不粘贴，纸的空隙较大，也不能算是2倍、4倍厚的纸
泡沫板	变形断裂明显，模拟实验与实际现象接近；有可能找到同种材料制成的厚度不同的泡沫板，严格地保证了实验材料2倍、4倍厚度，令对比实验减少了误差	较难获得合适的尺寸；实验过程中改变形状极易发生断裂，材料消耗大，同时产生的泡沫颗粒极难清扫

课前，我对生活中常见的几种纸张与泡沫板进行了实验，发现粘贴了胶水的纸张在增加厚度时的抗弯曲能力曲线与严格保证实验材料2倍、4倍厚度的泡沫板抗弯曲能力曲线增幅基本相同，可见胶水厚度对本实验的影响有限，可以忽略；另外，通过对比发现一种厚度为0.3mm的卡纸无论承重力、变形效果都比其他纸张更具优势，因此在十多种材料中脱颖而出，成为学生科学探究实验成功的关键。

2. 搭建指导支架——让学生明白怎样开展探究

科学探究涉及提出问题、猜想结果、制订计划、实验操作、搜集信息、整理交流等方面。课堂中的科学探究必须符合小学生的年龄特点，由扶到放，逐步培养。例如，本课中"改变宽度"与"改变厚度"两个探究活动比较相似，因此第一次实验中我设计师生共同制订实验研究方案，包括变量与定量的界定、实验操作标准的讨论等。在实验过程中，教师对各组进行细致的指导，及时纠正学生的错误，降低了探究的难度，有效地帮助学生开展活动。而在第二次实验中，我则放手让学生自己设计并完成探究过程，有了前期的基础，学生就能顺利地动手动脑、亲自实践，在感知、体验的基础上，内化形成新的能力。

控制变量对于探究的成败意义重大：六年级的学生已经做过很多对比实验，本课的科学概念形成于对比实验之后，但要自主完成一个有效的对比实验并不简单，它考验学生如何达到对比实验中严格的变量控制要求。只有严谨周密的探究设计、严格细致的操作过程才能形成有效可比的数据，从而经过分析获得科学结论。因此，在学生做不同宽度实验之前我注重思维先行，让学生对实验条件的控制进行充分讨论研究，详细确定了实验因素中的变量和定量，并在实验操作中严格执行，对于数据差异较大的组则全班分析讨论，通过学生和教师相互不断修正，培养学生实事求是、科学求真的态度。

3. 搭建研讨支架——从感性到理性，帮助学生建构科学概念

科学探究中总会出现许多数据，实验中的数据就像一颗颗珍珠，只有整理有序并串成项链，才能发挥其应有的价值。小学生受年龄限制，往往重实验过程，轻数据分析，只关注事物的局部特点而非整体现象，关注的是个别的数字而非一组有内涵的数据，因此实验结论往往只能定性。通过实验，学生可以很容易地得出"宽度越宽，抵抗弯曲的能力越强；厚度越厚，抵抗弯曲的能力越强"的结论，但很难定量。作为本节课重点之一的实验后数据分析，根据学生数学课中学习过的复式折线图图形分析及信息技术课中Excel表格应用情况，我选择使用电脑软件，将每个小组的数据都汇总在一起，宽度和厚度这两个实验数据出现在同一版面上，在数据汇总的版面上同时出现折线统计图，这样通过宽度和厚度的折线变化，让学生从感性认识上升到理性认识，帮助学生更快地建构出"增加宽度和厚度均能增强抵抗弯曲的能力；增加宽度抵抗弯曲的能力成倍增加，增加厚度抵抗弯曲的能力则呈几何级增加"这一科学概念。同时，对于课后拓展探究的"横梁平放还是立放"的问题解决就更容易水到渠成了。

为了上好《抵抗弯曲》一课，我课前反复试验探究材料，试教后一次又一次地设计修改，从失败的信纸到满天飞舞的泡沫粒，从最初的展示实验结果记录表到后期各组自行使用的电脑分析数据，突显出数据的变化趋势，达成共识……一次又一次的变化让我深深地意识到，学生知识水平、思维水平的差异，实验材料的特性都会使科学探究活动具有一种不可预见性。因此，课堂探究只有以教学立意为"圆心"，以学科融合的多样化支架为半径，才能生成一个个动态的"圆"。在教师的支持与帮助下，学生进行自主探究，在不断的调整中找到最佳切入点，走向科学探究的课堂。

让科学为生活服务

——"一杯水能溶解多少食盐"教学思考

◁ 成艳萍 ▷

【教学分析】

《溶解》单元共分7课，主要是针对"建立溶解的概念—探究影响溶解的因素—了解溶解与分离是可逆的"这一系列内容展开的。其中，《一杯水能溶解多少食盐》是本单元的第6课。它很明显起承前启后的作用。承前——在学生已有知识的基础上，通过"经历问题—假设—验证—证实"的科学探究活动过程，加深学生对溶解的认识和理解；启后——能通过本课为接下来对"分离食盐与水的方法"的学习准备材料和奠定基础。

学情分析：本课的学习主体是四年级学生，他们对科学课好学、乐学，有一定的科学素养，但是在思维上逻辑性不强，考虑问题不够细致周密，探究过程不够严谨，实验操作能力有待提高。设计并实施实验将对提升学生的科学能力有着积极的作用。

【教学目标】

知识目标：通过经历实验研究活动，使学生获得一定量的水只能溶解一定量的食盐的认识。

能力目标：设计"一杯水能溶解多少食盐"的实验，经历简单的探究性实验过程，让学生感受到科学的严谨，激发学生的创新思维，培养学生的实验动手能力。

情感、态度与价值观目标：在科学探究过程中，培养学生的科学兴趣及实事求是的科学态度。

【教学重难点】

针对"一杯水能溶解多少食盐"进行设计及实验，初步感知和经历探究性实验的方法和步骤；如何计量加入盐的数量；食盐怎样算不能溶解了（饱和溶液的初步认识）。

【教学理念】

科学来自生活，又为生活服务。"一杯水能溶解多少食盐"是一节非常典型的实验课，最终我将"立足于学生的生活与精神世界，创造和恢复知识的活力"作为教学设计的主旨。全课通过两条线将各教学环节串连起来，首先以有趣的、生活化的明线提升学生的学习兴趣，其次再以"学会用科学实验验证自己的猜想，形成严谨的科学态度"为暗线提升学生的科学素养。

【课前准备】

多媒体设备（可使用2003版Excel），天平、小勺、纸、盐、水、烧杯、玻棒等。

【教学过程】

1. 生活情境导入

我们的科学教材的内容一直强调知识内容的选择、知识的逻辑体系和系统性。以这一课为例，一看课题，学生就会觉得水里能溶多少盐这个问题"是你们要我学的""我学了也不知有什么用"，对学习提不起什么兴趣。我就想着要让学生消除知识冷漠的外壳，以一种学生感兴趣的方式向学生靠近，因此我的教学设计首先用一个生活中遇到的问题"我想腌咸蛋，既想快点吃，又怕浪费盐，我该怎么办？"导入，通过"老师向你们求助，帮老师解决问题"这一条明线，让学生兴高采烈地进入学习，增强知识的"亲和力"，不知不觉中形成知识与学生之间的"对话"。

"盐太多就不能溶于水"，学生们都有这样的生活常识。因此，他们会提出通过实验来看看老师该用多少盐这样的解决思路。在这个基础上，教学很容易就进入第二个环节。

2. 设计并实施实验

科学学习除了有趣，更应该是严谨的。在有趣的、生活化的明线之下，我以"学会用科学实验验证自己的猜想，形成严谨科学的态度"为暗线，提升学生的科学素养。这条暗线主要通过下面的环节来完成。

第一步，提出问题。以问题"你们觉得这个实验要注意些什么？"引起学生的讨论、争辩，最后为了省时省料，不能用老师说的"一罐"，而应改成"一杯"来做实验，但"一杯水"的概念又太模糊，要具体地量化这样两个概念，接着由商讨得出今天的实验用100mL水比较合适。这个讨论让学生知道生活中一些想当然的事情也可以通过进一步规范成为科学探究的问题。

第二步，设计实验。有了探究的问题，还要通过实验验证结论"100mL水溶解多少食盐"的问题比较复杂，是实验设计的难点也是亮点。所以，我会花大量时间让学生讨论"如何让我们的实验更准确"这个问题，通过问题讨论培养学生严谨思考、设计初步对比实验的能力。这里我不打算让学生打开书来讨论，因为书上已经介绍了一个方法。学生都有一种"书本上的方法就是最好的方法"的想法及不愿意多动脑筋的现状，所以汇报时大多数都会与书本完全雷同，这也就禁锢了学生的思维，不利于创新思维的培养。

第三步，完善实验。学生汇报时可能会说出2～3种实验的设想。例如，第一种实验方法，按克加盐——先称出很多份1g的盐，再一份一份加入水中，直到不能溶解为止，算一算加了几份盐，就可以得知加了多少克了。第二种实验方法，平勺加盐——舀一勺盐，用牙签沿勺子表面水平刮去多余的盐，称量一平勺盐的质量，加多少勺盐就知道加了多少克了。第三种实验方法，减法算盐——首先用天平称装有100mL水的小烧杯的质量，记为Ag；需向水中加盐，加到盐不能溶解为止，再称出质量，记为Bg。那么，加入盐的质量就为$B-A$g。三种实验方法呈现后，我准备给学生一定时间去思考、比较，然后各小组选择实验方法，并引导学生回顾旧知，明确实验注意事项。①实验操作要规范：如何用量筒量取100mL水，天平的使用，加盐、搅拌不要将盐或盐水洒出；②搅拌、静置的操作：正确判断盐溶解与否等。

第四步，学生实验并汇报。学生通过实际操作和体验，汇报实验数据，教师通过Excel表格中的"自动生成图表"功能来展示。这个功能最大的优点在于教师一边输入数字，显示屏上自动生成的曲线会随之变动，非常直观。本来，根据预测，各个组的数据应该是一样的，但如果发现某个组的数据偏离较大，这时可以让这个组描述或展示自己的实验过程，师生共同来分析产生问题的原因；如果各组数据有微小的差异，就可以引入"科学实验是存在误差的，因此大量的实验后取平均值才能获得更准确的结果"这一科学观点。虽然实验已经达到了目的，但是我仍然会预留时间给学生，让他们说一说自己在实验过程中遇到了哪些困难、有什么体会等。学生通过各组的发言会发现其方法各有优劣。例如，"按克加盐法"非常麻烦，全组成员忙个不停，用时也长；"平勺加盐"法比较简单，但误差最大；"减法算盐"法容易操作，准确度高，但装水的烧杯放在天平上称时要非常小心。

通过这个过程，让学生亲自设计并实施实验，得出结论，让学生知道"实践是检验真理的唯一标准"。同时，对三种实验方法的思考与比较，可以点燃学生思维的火花，让他们知道实验方法是多样的，要积极思考，选择最优的方法来获得成功，从而提高学生的科学素养。

3. 课后专题探究

"一杯水能溶解多少盐"的结果出来后，学生会产生类似的疑问，如：其他物质在一杯水中又能溶解多少呢？这样，我会鼓励学生课后将本课学到的知识及技能运用在生活中，让科学研究从课堂走向生活，拓展研究的广度和深度。

我对本课的设计就是让一明一暗两条线索有机结合起来。希望我的课堂能既有趣又有用，真正达到让学生快乐学习、有丰硕收获的目的。

6

学校建设

第六篇

"卢卡斯模式"下小学低碳教育多元化
课程设计实施策略

❧ 成艳萍 ❧

英国环境教育专家亚瑟·卢卡斯（M.A.Lucas）提出了著名的环境教育模式——关于环境的教育、在环境中的教育和为了环境的教育。他指出，环境教育就是内容是关于环境的，目的是环境保护，而教学则是要在环境中进行的。这一清晰简单的模式至今仍是许多国家环境教育发展的依据。

我国的发展战略是走可持续发展之路。开展低碳教育，是从根本上解决日益严峻的环境问题、保护和改善环境、实现人类社会可持续发展的一条必由之路，是在这种全球提倡保护资源、节能减排的大趋势下诞生的。形成以减少二氧化碳排放为目的，低能量、低消耗、低开支的校园生活形式被视为在新一轮的课程改革中提高学生的环境意识的课程改革的目标之一，因此在《基础教育课程改革纲要（试行）》中也明确提出"要使学生具有初步的环境意识"。

课程作为一种特殊的文化现象，是教育的核心，是教育的基本问题，回答了我们要培养什么人、如何培养人的问题，是进行教育创新富有意义的领域之一。如何构建低碳教育课程？我校以"卢卡斯模式"为理论依据，构建了由国家课程、地方课程和生命教育特色校本课程组成的低碳教育课程体系。

一、对低碳教育课程建设的构想

1. 关于环境的教育——结合基础课程推动低碳知识的普及

关于环境的教育是"卢卡斯模式"中的基础，它注重向学生传授有关环境的基本知识，强调发展学生与环境领域相关的认知能力，并指导学生能较好地理解解决环境问题的基本原理。在小学的教材中，或多或少，或深或浅蕴含着低碳教育方面的内容，低碳教育的内容体现在各个学科之中，教师在教学中如果能把握时机，巧妙渗透，让学生潜移默化地去领悟、体会，就能更好地普及低碳知识。例如，在语文课中，抓住语文的特点，对重点字词进行渗透。《桂林山水》一课，抓住漓江水的"静、清、绿"和桂林山的"奇、秀、险"这六个字就抓准了"桂林山水甲天下"的突出特点。因为这样的山围绕着这样的水，这样的水倒映着这样的山，美不胜收，所以陈毅元帅游览后发出了"宁做桂林人，不愿做神仙"的感慨，可见"桂林山水甲天下"名不虚传。但是前不久，我们看电视节目介绍，觉得漓江的水并不是那么清，山也不是那么秀，是什么原因呢？学生顿悟："那准是周围城市排放的污水、废气太多了，影响到桂林的蓝天碧水，污染太严重了！"教师听后接着说："如果不抓紧治理，甲天下的桂林山水也会毁在我们的手中，中外游人将会乘兴而来，败兴而归。"这样一来，漓江水的"静、清、绿"和桂林山的"奇、秀、险"这六个字就深深地印在学生的脑海中，同时绝非杞人忧天的低碳教育也会像春雨一样"随风潜入夜，润物细无声"，浸润在学生心头。又如，在数学应用题教学中，学习有关"猫头鹰捕杀田鼠，保护庄稼""因吸烟引起死亡的人数是机动车的16倍""家庭垃圾处理"等实际情境时，抓住契机对学生进行保护珍稀动物、保护环境的教育，也能让学生通过数据更深刻地认识低碳环保行动的迫切性。

在实际教学中，只有紧紧抓住低碳教育的契机，分析和运用好教材，以正确的态度从实际出发，因课制宜，善于在课文中抓住关键的问题进行巧妙的渗透，才能做到文道结合、水乳交融、细水长流，让环境教育的涓涓细流浇灌学生的心田。这样既完成了教学任务，又进行了生动形象的环保教育，可谓一举两得。

2. 在环境中的教育——开发实践课程，提升低碳环保的能力

在环境中的教育是"卢卡斯模式"中的重要环节，它将环境本身视为有效的学习资源，提倡学生在真实的活动中获取知识，发展理解力，培养学生调查、交流、协作等能力，从而激发学生的环保意识，这种实际参与的过程是保证低碳教育取得成效的重要的形式之一。学校将低碳教育融入学校整体德育课程中，通过丰富多彩的主题特色活动、学生社团活动、社区实践活动、兴趣项目活动，让学生在实际参与活动中感悟、体验生命的关怀，形成学校低碳教育实践课程。例如主题特色活动，让学生在活动体验中感悟生命，提升低碳环保意识。例如，"绿色梦想成就未来"——铁四小学环境文化节就以生命绿色科技为主旋律，结合"4·22世界地球日"和"6·5世界环境日"，先后举行了以环保为主题的"百人书画"、"环保宣传标语、口号"征集、"环保征文"、"环保手抄报"等比赛活动，增强师生的低碳环保意识，形成关爱自然、节约资源、保护环境的社会新风尚。又如，语文科组开展的以"绿色人文铁四小，文化校园书香浓"为主题的亲子读书活动。活动中，通过开展生态好书推荐、师生共读、家校共读、"我是小小读书郎"和"书香家庭"评比等活动，激发师生的读书热情，形成阅读热潮，使校园充满浓浓的书香之气。又如，社区实践活动，增强学生与家长之间的沟通，让学生在实践中学会爱护环境。我们为激发学生爱护植物、保护生态环境的意识，组织"亲子植树暨学雷锋志愿环保活动"，以植树绿化为载体，使广大家庭在参与绿化活动的过程中，自我教育，自我提高，增强了学生的环保意识、动手能力，使他们从小懂得爱护环境、培育新苗，为增添大地的绿而贡献自己的力量。又如，社团活动。我们组建多个学生社团如火车头护路社团、绿点社团、聚能社团、保护中华白海豚环保社团、绿茵社团等，开展丰富多彩的校外实践活动。辅导员教师与家长志愿者带着社团成员，走出校门，走进社区幼儿园、敬老院、地铁大厅等，学生们用稚嫩的声音向大众宣传低碳知识，用幼小的心灵感染社区民众，用行动践行低碳理念。

除此之外，学校还通过开展栽种植物、照料动物、记录天气、访问公园与农场、参观博物馆和考古遗址等活动，让学生在教师的带领下走出教室，实地感受和理解环境保护，促进低碳教育目标的实现。

3. 为了环境的教育——创设、创造课程，促进低碳素养的升华

为了环境的教育是"卢卡斯模式"追求的目标，它强调对于学生价值观与态度的培养，注重发展学生对环境问题的关注，根本目的是使每一名学生发展个人与环境相关的思想与理念。学校开发了低碳创造课程，由骨干教师、家长志愿者共同辅导学生社团开展生命探究活动，通过生命教育创造校本课程的实施，以科技创新为主题形成探究性学习。

在推动创造课程、开展研究性学习的实践中，我们非常重视学生的主体性，把学生视为学习活动的主体，学校通过创设和谐、宽松、民主的教学环境，有目的、有计划地组织各种教育活动，并通过启发、引导的方式来培养学生成为自主、能动、有创造性的认识和实践活动的社会主体，以教育促进他们低碳意识的提高与发展。因此，在开展低碳教育活动的过程中，我们始终把发展学生的素质放在首位，强调学生自主选择，让他们找自己感兴趣的题目，进行自主调查、实验，依靠自己的能力解决困难。我并不要求他们每一次的研究都取得丰硕的成果，我更注重学生开展活动的过程。自然科学的实验研究和社会调查让学生在实践中了解新的知识，体验保护环境的艰辛，让学生们成为学习真正的主人，让他们通过实践获得成功的快乐，进一步促进他们爱护和保护环境的积极性。

二、结语

我们倡导以人为本的低碳教育课程体系，在"卢卡斯模式"中掌握有关环境的知识和技能，重视环境保护的过程和方法，形成有关环境的情感、态度与价值观。将作为环境教育的内在规定并转化成追求"让教育焕发生命的光彩"，落实"生命影响生命，生命陪伴生命"的低碳教育理念，设计学校低碳教育课程，在国家课程、地方课程和校本课程中实施。这是教师、学生、文本之间的交流、感悟，学生通过习得与理解这些知识，培养科学的环境态度，从而产生关心和保护环境的意识与愿望。学生领悟到自身的存在和内在的需要，在成长的过程中发展自己、完善自己，不断丰富自己作为"人"的内涵，培养综合环境素质，实现自我生命意义的建构。

论小学低年级开展科普教育对学生
个体发展的价值

❧ 成艳萍 ❧

作为社会中的个体，今天的学生是明天社会的建设者，学生个体的发展直接关系未来社会物质文明和精神文明的建设，因此，学生个体发展对社会有着重要意义。现代教育理论将学生个体发展定义为自身科学文化素质、学习能力和思想水平的发展和提升。现在，通过系统的教育手段，促进学生个体发展是摆在当代教育工作者面前的重要课题。我们欣喜地发现，开展科普教育是以学生对科学文化知识、科学观念、科学方法的需求为前提的。因此，通过广泛的科普教育能让学生掌握科学文化知识，开阔学生的视野和思维，培养学生的创新意识和科学实践能力，提升科学精神，充分调动学生的主观能动性、积极性，发展学生个体素养从而促进个体发展的核心，为学生个体发展价值的实现提供可能。

一、科普教育促进学生科学文化知识的积累

从认识论的角度来看，知识是人脑对客观规律的反映，是人类认识自然界、认识社会和人类自身的精神产物，是人类在改造客观世界的实践中所获得的认识和经验的总和。教育家赫伯特·斯宾塞曾说过："什么知识最有价值，一致的答案就是科学，这是从所有方面得出来的结论，无论个人的生存，国家的发展，以至于艺术的创作，道德、智慧等都得依靠有效的科学知识。"

刚入小学的孩子通过幼儿园的学习，已有了部分零散的知识，他们好问好学，有强烈的求知欲和学习兴趣，思维正处在由具体形象思维向知识抽象思维过渡的阶段。抓住这个有利时机，开展科普教育能促进学生将大量的资料或零散知识概括、集合成一定的体系，再将相关的概念体系建立起原理或定律。

然后学生再凭借这些原理或定律就有可能去解释和说明新的观察结果或总结新的经验了，从而不断扩展自身的知识储备，更快地完成知识的积累。例如，在学习"春天到底是怎样的"一课时，课本展示了大量关于春天的图片，柳树发芽、农民插秧、燕子北飞、青蛙出洞、花儿盛开等。其实，这里的许多现象是学生已经知道的，但他们没有关于春天这个季节的具体概念，当纷繁复杂的自然界以无数杂乱无章的事实形式呈现在学生面前的时候，学生是无法认识的。通过科学课的学习，教师指导学生将新知识和已有知识联系起来，认识事物的本质、同类事物的共性和事物内部的联系，经历一个学习和获得一系列自然科学概念的过程。这时，学生通过回忆自己已有的生活经验，在教师的指导下，概括出"春天天气温暖，万物复苏，生物开始生长"的概念，有了这个概念的概括、简化、系统化，学生就能合理地解释许多春天才会有的现象。学生形成概念以后，可以增加他们所学知识的适用性或迁移价值。教师帮助学生联系夏、秋、冬季的自然现象，总结概括出其他季节的特点。这样，大千世界里许多零散的知识才有可能被学生发掘和认识。

二、科普教育促进学生自主学习能力及思维水平的提升

当今时代，知识飞速更新和增长，想将所有知识通过课堂教给学生已变得不可能了。学生要获得丰富的知识，必须学会自我学习（这是学生在学习活动中表现出来的一种综合学习能力）。培养学生的自主学习能力是素质教育的要求，也是人的全面发展和21世纪的需要。

科学探究是科学新课程改革中出现的亮点。在教学中我们发现，科学探究的价值不仅仅体现在科学学科上，科学探究也是培养学生自主学习能力的一种极其有效的途径。科学探究的过程包括提出问题，决定探索方向，为探索而进行的自我组织、收集资料、分类和处理信息，从而得出结论。在这个过程中，学生要经历观察、描述、比较、排序、分类、推断和假设等思维过程。探究有助于学生掌握和了解周围世界的方法，温哈伦曾说过："学习科学具有双重优点，因为科学既是一种方法，又是一系列思想；既是一个过程，又是一种结果。作为一个过程，科学提供了寻找信息、检验思想，以及寻求合理解释的方法；作为一种结果，科学是能够用来理解新的经历的思想体系。"

科学课开展的科学探究是发现问题和解决问题的过程，也是培养学生自

主学习能力的过程。例如，在"冷热的变化"一课中，对于低年级的学生，教师首先创设一个情境，给他们营造探究性学习的氛围和空间："怎样让一杯开水很快冷却下来？"教师提出这个探究目标带领学生进入情境，引导学生逐步寻找解决问题的方法，对他们进行探究性学习方法的培养。学生在探究中会遇到一些问题或困难，教师应主动倾听学生的意见，鼓励学生寻找解决问题的方法，让学生从失败中汲取经验，获得成功并享受成功带来的快乐。当科学探究成为学生的一种学习行为并必须持之以恒地开展时，教师通过不断地引导，就能使学生在科学探究中学会自主探究，并把探究作为一种学习的需要，逐步扩展到其他学科的学习中去。在其他学科的学习过程中，学生会依照科学探究的要素寻找适合自己的自主学习的方法，根据学习情况不时调整自己的知识结构、思维方式与学习方式，提高学习效率，养成良好的学习习惯。当学生自主学习成为自身学习的行为习惯后，学生就会化被动学习为主动学习，而学习也就会成为学生的一种内驱力，促进学生不断地学习新的知识。

三、科普教育促进学生价值观及社会观的形成

科普教育是教育科学文化的一个组成部分。由于科学是一种观念形态，学习科学能使学生从小树立起科学的世界观，形成正确的思想、理想、信念和良好的道德规范。

科普教育促使学生对大自然有更深入的理解和认识，从而对周围事物产生兴趣，从科学的真、善、美中陶冶情操，培养人的高尚品格。例如，在"植物"教学系列中，通过让学生了解各种各样的植物，同时让他们懂得植物的种类，知道植物对地球和人类的作用，感受植物的美，帮助他们形成爱护环境、热爱自然、保护自然的积极情感和态度。科普教育使学生通过探究认识到科学的结论来自现实的观察、实验数据和实验结果，不仅提高了学生的实践能力，还使他们学会了一切从实际出发，培养了实事求是的科学精神。例如，在"磁铁"一课中，一些学生发现磁铁自由旋转后不能正确地指示南北，教师指导学生寻找自身实验条件的差异，正确看待自己的实验结果，从而培养学生诚实正直、实事求是的优良品质。科普教育强调学生的科学精神，使其意识到社会是在对已有科学知识的怀疑、批评和创新的基础上不断发展的。例如，在讲到太阳系各大恒星依次被发现，到今天又将冥王星剔除出太阳系恒星系列时，通过

科学课堂，帮助学生在主观意识里形成科学的批判态度，不断培养学生拥有像科学家一样质疑、求新的科学态度，鼓励学生用智慧去发现和探索未知的世界，培养他们在科学上积极的进取精神，在创新过程中勇敢无畏的精神，这将对学生今后的学习和生活产生十分重要的影响。

科普教育能够让学生了解到科学与技术、科学与社会、科学与人类生活的关系，从而认清科学的性质。通过科普教育使学生知道科学是什么，科学能够做什么，进而使学生掌握先进的科学知识与技术。科普教育提升了人的科学素养，提高了人把握自然的能力，让学生从小树立起科学促进人类进步的社会观。

综上所述，在小学低年级开展科普教育能帮助学生更有效地积累科学文化知识，教会他们科学的学习方法，促进学生形成正确的价值观及社会观。通过科普教育，学生不但具有了科学文化知识，而且视野宽广、思维开阔，具有创新意识、主体意识，充分调动了自身的主体能动性、积极性，意识到自身存在的意义及激发奋发向上的精神。因此，科普教育促进了人的发展，为实现个体发展提供了有力的保障。

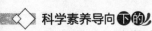

小学科学教学中以学生为主体评价方式的研究

❀ 成艳萍 ❀

评价是人们对某一事物的价值判断，它伴随着人类一切有目的的活动。科学课程中的学习评价，是教学活动的重要组成部分，它对于促进学生学习的健康发展，促进学习目的的实现具有十分重要的意义。科学课程是一个新生事物，科学课的学习评价更是一个前人未曾接触的新问题，为了与《义务教育小学科学课程标准》相适应，学习评价无论在评价内容、评价主体、评价方法，还是评价过程上，都与传统的自然教学评价有着显著的区别。

根据《义务教育小学科学课程标准》的要求，科学课程是从全面培养学生的科学素养的角度出发，建立起内容包括科学探究，学知识与技能，科学态度、情感与价值观，对科学、技术与社会关系的认识四个方面，评价方式多样的评价体系。

一、科学教学中以学生为主体的评价方式的分类

科学课程对学生的评价是为了促进学生的学习，通过评价使学生成为成功者、积极参与者和自我反思者。《义务教育小学科学课程标准》中谈道：对学生的学习成绩评价的主体可以是校长、教师、学生、校外团体、家长等。科学课程强调要引导学生学会自我评价和评价他人，强调学生在过程中自我比较，将评价结果反馈于自身的学习活动中，据此调整自己的学习活动，促进自我不断提高。

传统的教育评价片面强调和追求学习成绩的精确化和客观化，忽视了学生的主体性和能动性，往往使学生的自评变得无足轻重。布鲁纳说："教师必须采取一种学习者最后能自我矫正的模式，否则，教学的结果势将造成学生跟着教师转的结果。"所以，新科学课程的评价方式试图改变过去学生一味被动接

受评判的状况，特别注重发挥学生在评价中的主体作用。也就是说，教师不仅要做好自身对学生的评价，更要帮助学生学会自我评价、学会相互评价，通过学生对评价过程的全面参与，使评价过程成为促进学生反思、加强评价与教学相结合的过程，成为学生自我认识、自我评价、自我激励、自我调整等自我教育能力不断提高的过程，成为学生与人合作的意识和技能不断增强的过程。

以学生为主体的评价方式主要有：学生自我评价、学生相互评价、学生小组评价。

1. 学生自我评价

自我评价是指被评价者自己参照评价指标体系对自己的活动状况或发展状况进行自我鉴定，是以自身作为评价主体而对自我进行评价的方法。自我评价实质上就是学生自我认识、自我分析、自我提高的过程，有助于培养学生的自学能力，使学生由自学而产生自我成就感，形成自我肯定的意识、自学的欲望。

在自我学习评价中，学生会积极参与评价活动，这不仅有助于他们及时发现自己的问题并做出改进，而且有利于消除以往评价方式中学生与教师之间可能出现的对立情绪，使评价结论更容易为学生所接受，而且学生自我评价也能为教师改善教学方法提供有益的信息。所以师生间双向互动、相互理解的学习评价方式越来越为人们所重视。特别是在以发现学生的问题、寻找解决问题的方法、促进学生的发展为根本目的的形成性评价中，自我评价显得更为重要。

2. 学生相互评价

评价对象的性质不同，评价的主体就不同。对于学生相互评价来说，相互评价是以学生的自我评价为基础，通过学生之间的相互评价发现对方的优点，以此相互激励、相互促进、相互学习、共同提高的一种评价方法。相互评价的过程同时又是相互学习的过程，它体现了课程标准下学生所追求的学习目标。

相互评价是由其他学生对某名学生进行评价。相对于自我评价来说，他人评价一般都有统一的评价标准，而且评价本身并不直接涉及评价者的利益，所以相互评价要更为客观一些。在这样的过程中，学生通过相互评价可以了解对方的优点，从中又可以反省自己应该改进的方面，通过对方改进的方面来发现自己的优点，找准自己进一步改进的方向。学生在自身优点被他人承认的过程中，由于产生喜悦的心情而形成自信，这种自信会使学生相互激励，从而获得积极的情感体验。

3. 学生小组评价

学生小组评价以学生小组为主体，对小组自身、小组内的成员和其他小组、其他小组的成员进行评价。在此过程中，学生需要经历确定评价方案、实施评价过程、形成评价结果、交流评价结论的全过程，需要学习处理好小组成员之间，以及本组与他组成员之间多种多样的难以决断的复杂微妙的关系。学生小组评价把"小组合作表现"列为评价的主要指标，主要评价学生在小组合作中的行为表现、积极性、参与度，以及学生在活动中情感、态度、能力的生成变化或一个小组的团体合作精神。

二、以学生为主体评价的操作方式

1. 自我评价

自我评价不是阶段性的评价，而是连续性的活动。评价的形式可以采用自由记述法、数值法和图表法等。自我评价着眼于为学生的自我学习提供全面发展的信息。自我评价需要从教师和学生两方面考虑设定的方式：一是由教师设定评价项目和评价方法，然后由学生进行自我评价；二是由教师给出几个评价项目和评价方法，学生从中选择，然后进行自我评价；三是完全由学生自己设定评价项目和评价方法而进行的自我评价。这三种评价方式各有所长，分别体现了教师与学生作为不同的评价主体的特点，体现了由教师主导的学生的自我评价正在走向学生自主的自我评价的动态发展过程。

但是，由于自我评价是对自身的评价，其主观性比较强，容易出现对成绩或问题估计过高或过低的现象，这是自我评价突出的缺点。因此，开展自我评价时要特别注意对自我评价者的引导，并把自我评价与他人评价有机地结合起来。

2. 相互评价

相互评价主要有两人相互谈话、相互记录评论和报告会三种形式。两人相互谈话是相互评价的基本形式，学生对于双方的研究方法和研究成果的优点、相似点交换意见；评价的双方可以是同桌，也可以是同组内成员，还可以是不同组、不同班级的学生。相互记录评论是在当事者不在场的情况下也可以进行的一种评价方式，主要是记录对方的优点，也可以给对方写一些建议。报告会则是在前面两种一对一的形式的基础上进行的一对多的评价，其目的是通过报告会的形式引起学生对自己的反思。在相互评价的过程中，学生作为相互被评价的对象，需静心倾听他人对自己的评议，不管对同伴评议的内容是否认同，都不得在此阶段发表言论，以便同学能畅所欲言、大胆评议。被评价的学生这种倾听的过程本身就是一种受教育的过程。在倾听的过程中，被评价的学生对于自己认同的评价意见，如果是表示赞扬的，可以增强他的成就体验，进一步强化他的研究兴趣，而批评性的意见则可以帮助他在今后的类似情境中加以改进，进一步完善自我。对于自己不认同的批评性意见，静心倾听本身就是对学生人格、心理耐挫力、人际合作意识的一种训练。

相互评价的关键是培养发现对方优点的能力，这就要求学生在学习活动中注意发现伙伴的言语、行为和作品的优点，在相互理解、相互尊重、相互承认和相互学习的过程中感受自己和他人的成长。但是，他人评价也有不足之处，如果在他人评价中，评价者与被评价者之间缺乏民主平等的氛围，没有形成良好的关系，那么，他人评价的结果往往会受到被评价者的抵制和排斥，不能为被评价者所接受，也就不可能发挥激励、调节等评价功能。因此，在他人评价中，能否在评价主体之间建立和谐的关系，是决定他人评价成效的关键。

3. 小组评价

小组评价要通过教师指点、学生小组内部讨论、学生小组间交流等方式予以解决，它强调的是组内交流、组际竞争。在评价的过程中，要对一个小组评价其组内成员的差异性，小组分工的合理性，小组成员的合作方式，集体研究活动的形式、内容、频次、效度，小组成员的参与度，达成小组研究结果的方式，等等。对于这个小组中每个人则可以评价其对分担任务的态度、执行及完成情况、小组集体活动中的表现、如何与同伴互助合作、个人对课题研究的贡献（是否有创新）、个人达成研究结果的方式，以及对集体研究结果的作用等。

小组评价需要事先设立等级标准，才能在评价过程中有的放矢。例如，在"设计实验证明种子萌发条件"一课的教学中，通过小组成员互相合作，设计、实施相关的实验，并得出结论。在研究最后，大家通过讨论，为各小组评价定下了等级：优等——小组成员间分工合作，有起引领作用的同学，其他组员能吸收、接纳并能给出建议，互相协助，最终形成成果；良等——小组间能互相协调，以推动整个小组的工作，组员间互相鼓励，工作至最后一刻，形成一定的成果；普通等级——小组成员都参与了讨论，为其他成员提供了一定的帮助，但小组间没有协作精神，仅形成了有限的成果。

通过小组评价，可以增强团队竞争意识，能避免个人竞争因失败而产生的自我贬低、自我拒绝的情感，同时会进一步发挥团队成员的潜能，促进群体形成积极向上的氛围，成为小组有效合作和全组争优达标的强大动力。

面对科学课中的各种学习评价方式，如何更科学地制订学习评价标准，如何通过以学生为主体的评价手段积极推进学生的学习，引导学生研究、创新、发展，有待我们在实践中不断深入探讨，不断加以深化。

小学低幼年级开设科学课对学生幼小衔接
促进作用的探析

෨ 成艳萍 ෨

"幼小衔接"是人们关注的议题，它是学生在成长过程中，从较低层次向较高层次的求学场所的转变，从一个求学阶段向另一个求学阶段转变的连接过程。幼儿教育到小学的教育衔接是学生整个教育阶段中第一个重要的衔接环节，它的成功与否将直接影响学生未来的长远发展。

多年来，我校在一年级学生学习情况调查中发现，在幼小衔接阶段，学生面临的主要问题依次是社会适应性、学习适应性，以及良好的学习与行为习惯、态度和能力等。在参与广州市教育局教研室组织的"全国教育科学'十五'规划课题九年义务教育3～6年级科学、社会课题开发与实验的研究"的4年中，我们发现通过在初始年级开设科学课的学生与以往不开设科学课程的学生比较，低幼年级开展了科学课对学生在小学学习适应方面、社会适应方面，以及在身体、情感等方面都有良好的促进作用，从而使学生更好地实现由学前向小学的过渡，有助于学生顺利地适应小学的学习和生活。科学课对学生幼小衔接的促进作用主要表现在以下几方面。

一、科学课有助于促进学生认知水平的快速发展

认知发展会影响学生的思维、情感、行为，根据皮亚杰提出的儿童认知发展阶段论，小学一年级是学生从幼儿期步入儿童期的关键阶段，现阶段的学生正处于前运算至具体运算阶段之间，多以"直觉"和"实践经验"作为学习的基础，此阶段的学生在认知发展上有三个转变：①语言能力上有质的提升，即从口头语言发展到书面语言；②认知能力上的重大进步，即从直觉行动思维转变为具体形象思维；③活动形式上的质变，即从游戏活动转变到正规的学习活

动，以及掌握间接经验的活动。

1. 科学课让学生的语言能力得以更快的提升

幼儿园时期，儿童在学习生活中使用的基本上是自幼习惯的日常口语，在课堂中，教师与儿童多用生活化的语言进行交谈、发问或歌唱。进入小学后，教师要求学生在课堂上使用规范、标准、完整的书面语言进行讲述，本来学生对语文、数学这些学科就比较陌生，再加上这样的要求，就使大多数学生产生了一定的语言障碍，学生在课堂上变得不爱发言。如果在一年级就开设科学课程，因为科学课的内容大多与学生的生活实践联系紧密，学生能找到话题，特别是当教材设计中运用到有韵律、有节奏感的儿歌等语言活动时，大多数学生都非常乐于参与，并能在活动中学习说话的技巧，帮助发展思维与推理的能力和技能，能够将获得的信息转换为抽象的形式，以便将信息组织并储存起来，以供今后使用。儿童时期的语言发展速度是非常惊人的，而在科学课堂中的这种语言的沉淀与发展，对今后学生在其他课堂上发言是十分有利的。

2. 科学课让学生的具体形象思维得以更快地形成

处于小学低幼年级的学生正处在通过实物操作来学习，同时将这些经验整合到现实生活经验中的阶段。在开设科学课时，我们的教学内容（如科学、自然事物和现象），绝大多数都是为低年级的学生所直接感觉到的，当教师创造一切条件坚持让学生亲自参与认识、了解事物和现象的所有实践活动时，使学生能够亲自参加观察、试验、测量、设计等动手活动，启发他们积极动脑，每一举手投足之前、之中、之后都积极主动地去思考，手脑并重，就能够使学生的思维能力得到培养和发展。即使这时他们的学习仍然以直觉感知为主，但学生已渐渐摆脱了以自我为中心的思维，能注意更多事物不同方面的线索，通过具体事物进行想象、判断与推理，甚至能根据事物的不同特征加以分类与排序，以掌握不同类属间的关系，促进具体形象思维更快的发展。

3. 科学课有助于学生注意力集中时间的延长

处于6~7岁的学生，注意力集中的时间较短、水平较低，容易受外界环境影响而分心，因此，教师们反映学生在上语文、数学这样一堂40分钟的课时，注意力集中最多不超20分钟，这与课时长、缺乏变化的课程与学生注意力分配较差，不适合同时学习过多的事物有关。因此，当科学课这种从学生已有的经验和兴趣出发，能进行动静交错的教学方式的学科进入小学低幼年级后，它包含了自然、生活和社会等各种知识，以学生的动手实践为主，将游戏、动手操作、观察等方法引入课堂，此种课堂是听讲与活动的结合、统一与个性的结合、分科与综合的结合，可以大大吸引学生的注意力，这样，既维持课程内容的相关性与延续性，又与幼儿园以游戏为中心的"综合指导"方式相似。这种让学生乐学、爱学的课程有助于减少学生入学后的不适应，使学生尽快适应一年级的学习。

二、科学课有助于促进学生社会性的快速发展

心理学家弗洛伊德提出，童年社会性发展最重要的时期是6~7岁，这时，孩子的社会行为将变得更加明显，具有典型的遵守规范、服从权威及相对功利性导向的特征。他们判断行为的对与错是以行为的后果而非行为的动机来作为依据的，同时开始形成新的气质，具备同情心、敏感性但无法接受批评，当被人取笑时，会有被排挤与被拒绝的负面感受。因此，在小学初始年级的课程设计中，如果能在语文、数学和英语等较枯燥学科的基础上，适当增加一些以活动为载体，以学生熟悉的教学内容、以轻松愉快的教学方式为主的课程，既能达到给学生适度建立他律权威，又能多给学生鼓励与赞赏，将有助于建立学生的自律与自信。

首先，在小学初始年级设立科学课，这与幼儿园的科学课程相衔接，学生觉得熟悉又有趣，这就为学生创设了一个良好的心理氛围。课堂上融洽的师生关系，宽松、愉快的学习气氛，能让学生感到在一个安全、和谐、愉快、充满爱与尊重的良好精神环境中生活，可以满足学生的好奇心、求知欲，为学生提供了一个展示自我价值的重要渠道，这对学生的社会性发展将起到不可忽视的作用。

其次，科学课堂教学往往形式多样，根据教学活动的需要，有集中围坐式、四人小组式和分隔式、区域式等多种形式，这不仅扩展了学生的活动空间，也比其他学科单纯的排坐式更容易让学生接受，使学生进一步熟悉环境，增强了学生的人际交往能力，促进学生从幼儿园向小学的过渡，增强了学生做一名合格新生的自信心。

三、科学课有助于学生学习习惯、态度和能力的形成

　　教育的目的是让学生学会用自己的头脑来想，用自己的眼睛来看，用自己的手来做，自己研究，自己学习，要达到这种目的，就必须给学生充分参与学习、表达自我的机会，这样才能提高学生独立思索、独立分析、独立解决问题的能力，才会增强学生的自信心，提高学生的学习兴趣和学习能力。科学课通过开展科学探究活动，让学生建立最基本的学习概念，然后又以同样的方式帮助学生更全面具体地提高学习能力。科学课能使学生在建立基本学习概念的同时形成正确的学习习惯。例如，学生在学习《植物》这一单元时，不仅可以了解植物的生长过程，培养认真观察事物的能力，而且通过口头和书面描述植物的生长过程、特点等，可以提高学生在语言方面的表达能力；通过测量植株高度、叶片数量、生长趋势等，提高学生的数学整理能力；通过以图画的形式记录植物的生长过程，提高学生的绘画能力；通过种植活动，提高学生的自身环境意识；等等。可见，科学学习对学生语言和数理能力的发展具有很大的影响，加强小学科学与语文、数学学科的联系，可以促进学生在这三个学习领域的协调发展，丰富学生的整体学习经验。科学课通过让学生自主探究学习的方式（正是"授人以鱼，不如授人以渔"）让学生顺利解决入学后学习困难的问题，激发他们的学习兴趣，培养他们良好的学习与行为习惯，激发他们积极的情感，教会他们正确的学习方法，"授人以渔"，这样就能使学生从"看上去适应了小学生活"转向"真正喜欢小学生活"，实现幼小之间的过渡与衔接。

　　当前我国幼儿园课程设置包括健康、语言、社会、科学、艺术五大领域。在新一轮的课程改革中，小学低年级仅设置了语文、数学、品德与生活、体育和艺术等课程，科学课出现了幼小课程断层的现象。其实，儿童的认知发展是一个螺旋上升的过程，小学低幼年级的课程设计也应遵循这一规律，让学生在入学伊始多接触科学课这种采用游戏发现、观察讨论教学法，具有很强的灵活性和适应性，便于师生间的互动和发挥学生主体性的课程，利用学生已有的知识基础促进他们积极主动地学习新知识，促进低幼年级学生的智能发展，培养学生的学习习惯和学习态度，使其更好地度过幼小衔接的阶段。

7

探究成果

第七篇

"保护家园，从垃圾分类做起"活动案例

◁ 成艳萍 ▷

生活垃圾分类处理是城市管理和环境保护的重要内容，是贯彻党的十八届三中全会精神，建设低碳城市、绿色城市和幸福城市的一项重要工作。近年来，我市生活垃圾分类处理工作全面铺开，为了加强学生对垃圾分类的认识，增强他们保护环境的责任感、使命感，我校环境探究社团的学生开展了长达一个学期的关于"垃圾分类"的综合实践活动。学生在参观、访问、调查、讨论的过程中，不但知道了"垃圾围城"危机多么严重，垃圾的污染多么可怕，而且也明白了节能减排、垃圾源头减量、实现资源循环利用的重要性。

一、一个小小的故事，给我们提供了一个活动主题

在一次社团活动中，一个学生分享了这样一个故事。早晨，居住在广州市荔湾区西村街道富力环市西苑的居民老贾开始了他一天的生活：老贾的厨房里摆放着两个垃圾桶，一个装干的垃圾，一个装以厨余垃圾为主的湿的垃圾；在老贾家的阳台上，有一捆用绳子扎好的报纸，老贾将报纸送给上门送报的发行员，请他们回收利用；之后，老贾下楼买菜，顺便将家里的垃圾分干、湿放入楼下两只垃圾桶，把用过的旧电池、旧灯泡等物品，放到小区门口一只红色、专门收集有害垃圾的垃圾箱中。老贾离家后，他刚刚投放的垃圾，开始了它们的"旅程"：小区所属的物业环卫工将老贾所在楼层的两桶垃圾进行了二次分拣，经二次分拣后的厨余湿垃圾，准确率比没分拣前能高0.5倍。分拣好的厨余垃圾，被投放进老贾所住单元楼地库里一台日处理量300kg的厨余垃圾处理机中。经处理机发酵后，300kg的厨余垃圾将变为有机肥料，经过后期加工，可用于家庭和社区花木种植；经分拣后，价值较低但仍具回收价值的物品，将连同小区门口红色的有害垃圾桶内的物品，交由西村街道垃圾分类促进中心处理。

经此工序后，最终需要运到填埋场、焚烧厂处理的小区生活垃圾大大减少。老贾回家时，从地库环卫工人处领取了一包厨余垃圾制作的有机肥，回家后，到自家阳台上给十几盆盆栽施肥。

学生们一听垃圾还有这么有趣的"旅行"，惊呆了，他们的心灵受到了强烈的震撼！大家你一言，我一语，就议论开了。于是，一个以"垃圾分类与我们的生活"为主题的活动就这样诞生了。全班学生人人参与，写倡议书，开展调查宣传活动；制作一个个小发明，想出各种垃圾分类的"金点子"。总之，大家要为垃圾分类出一份力。

二、先订个计划，活动才有头绪

主题确定了，学生也犯难了，这么多的事情等着去做，该从哪儿下手呢？总不能像只无头的苍蝇一样乱撞吧？这时，社团团长简直就是个小老师，他说："我们应该先订个计划，活动才有头绪。"我瞅准时机，指导学生分组撰写计划书，由队员们集体讨论，评出最切实可行的一份计划书，开始他们的实践活动。

"垃圾分类我践行"活动方案

一、活动目标

（一）总目标

通过开展"垃圾分类我践行"的社会实践活动，培养学生强烈的社会责任感和环保意识。让学生初步学会查找、搜集、整理资料和信息，教育学生从我做起，从现在做起，养成垃圾分类的好习惯。

（二）三维目标

1.科学概念

（1）人们在生活中要产生大量成分复杂的垃圾，危害环境。

（2）处理垃圾的方法有填埋、焚烧等。

（3）设计合理的垃圾填埋场，能有效减少垃圾对环境的污染，但填埋、焚烧的方法还是会影响环境。

（4）减少固体垃圾的科学方法是减少丢弃、重新使用和回收利用。

（5）垃圾分类、分装便于垃圾回收利用。

2.过程与方法

（1）调查统计家庭一天的垃圾数量和种类。

（2）做垃圾填埋模拟实验，经历设计合理的垃圾填埋场的活动。

（3）研究包装盒是否过度包装，设计物品的重新使用。

（4）对垃圾进行分类、分装，参与回收利用活动。

3.情感、态度与价值观

（1）认识到人类活动对环境产生的严重影响。

（2）关注垃圾的处理、水污染等环境问题。

（3）培养资源意识，养成垃圾分类、节约资源的习惯。

（4）树立改善环境问题的信心。

（5）增强环保意识和责任感，积极参与环境保护活动。

二、活动过程及方法

（一）动员、准备阶段

（1）请老师讲讲活动目的，简单介绍我国垃圾分类的情况。

（2）写一份倡议书，号召全校学生都行动起来，积极投入这项活动。

（3）收集报纸、杂志或互联网上有关"垃圾围城"和垃圾污染的相关资料。

（4）召开一个有关垃圾分类的信息发布会，将自己收集的资料告诉同学们，以获得更多的有关信息。

（二）实施过程

1.参观城市的垃圾填埋场

请垃圾填埋场的技术人员讲解垃圾的来源、垃圾处理的办法及流程。参观附近的垃圾收运站，了解我们社区每天垃圾的总产量，使学生了解我们的生活垃圾的排放状况。

2.调查

（1）调查自己家所在社区居民、学校、公共场所垃圾排放的情况，对垃圾排放的种类、数量进行调查与分析。

（2）调查附近垃圾处理站。

（3）填写表格（见表1）。

表1 垃圾分类情况调查表

单位	时间	排放量	主要种类	情况分析

3. 访问专家

（1）本地区是否存在严重的垃圾污染问题，污染状况如何。

（2）近几年，本地区处理垃圾的方法。

（3）近几年，本地区的垃圾排放量是否呈上升趋势，这与什么有关系。

（4）拍摄、剪辑相关照片、录像带，记录观察的结果，写一篇参观访问记。

4. 宣传

（1）将自己收集的资料或写成的文章投到环保专题栏目做一次广播站专题广播。

（2）分小队深入街道、单位、居民家中、公共场所宣传垃圾分类，发放宣传资料，让人们懂得垃圾分类的重要性，了解节水的方法和措施。

（3）向有关单位写建议书，提出减少垃圾排放的合理化建议。

（4）设计一个公益广告，呼吁人们进行垃圾分类，拒绝垃圾污染，保护土地资源。

三、成果展示、总结阶段

（1）给全校老师上一节"垃圾分类我践行"的综合实践活动汇报课。

（2）围绕此主题，每月出一次墙报，举行手抄报比赛、摄影作品比赛，进行图片资料展览等，以各种形式展示调查研究成果。

（3）由社团团长写好这次社会实践活动的总结。

三、师生的收获与体验

1. 学生在活动中的丰富体验

活动开始了，学生全都忙开了，俨然是一个个小记者。上网、进图书馆查找资料；参观垃圾填埋厂、垃圾压缩站，调查垃圾堆放处理情况；访问专家，了解治理垃圾的污染举措；考察附近垃圾处理站，采访周围居民；写观察日记，做采访记录，写调查分析报告。宾馆、饭店、大街小巷，都有学生忙碌的身影。学生收获良多。

右卓说：我以前买饮料只顾味道，但我现在知道，饮料瓶底的图是塑料回收的标志，中间的数字是塑料品种代码，"1"代表聚酯类塑料，"2"代表高密度聚乙烯塑料，"3"代表聚氯乙烯塑料，等等。如果在三角形外还写有"PET""HDPE""PVC"则分别是它们的塑料类型缩写代号。我现在只买用环保材料制成的饮料瓶装的饮料，因为我讨厌"垃圾围城"！

筱筱说：市场上出售的某些保健品，大硬纸盒里装泡沫塑料，泡沫塑料中嵌几个小纸盒，小纸盒里又是塑料袋，塑料袋里才有一点点保健品。月饼、茶叶的礼品盒也大都这样，这些商品的包装垃圾要占总体积的80%以上。有些商品也是好几层包装，又是纸盒又是塑料袋，还外加一个大塑料兜，这些商品的50%也是包装垃圾，这叫过度包装或多余包装。过度包装既浪费了纸张、木材等宝贵资源，又增加了垃圾量，提高了产品价格，以后我要教妈妈做精明的消费者。

雅茹说：回收垃圾中的废旧材料再利用可以节约资源、节约能源、节约成本、减少垃圾、减少污染，是有百利而无一害的好事。可以回收的垃圾包括纸、金属、塑料、玻璃等。每回收利用1t再生资源，可以减少4t垃圾处理量。垃圾中蕴藏着巨大的财富，垃圾是放错了位置的资源。人们过去习惯上都是垃圾混合收集，这样收集不利于垃圾中可利用物质的回收和循环利用，还可能造成严重的交叉污染和二次污染。垃圾混倒，是垃圾；垃圾分类，是资源。

2. 教师的感悟

近年来，我市生活垃圾分类处理工作全面铺开，垃圾收运管理系统日趋完善，法规制度日益健全，设施建设取得重大突破，生活垃圾分类处理水平显著提高。实践证明，生活垃圾分类处理可以推动垃圾源头减量，实现资源循环利用，能让城市更干净、发展更低碳、环境更友好、生活更幸福、城市更文明。同时，我们也发现，生活垃圾分类处理涉及市民生活习惯和行为方式的改变，不可能一蹴而就。生活垃圾数量增长与处理能力不足的矛盾依旧比较突出，"垃圾围城"危机尚未从根本上得到解决。为此，要充分认识生活垃圾分类处理工作的重要性和紧迫性，通过"孩子影响家庭，家庭辐射社区，社区推动全局"，进一步加快生活垃圾分类的处理工作，促进城乡环境健康、稳定和可持续发展。

附件1：具体活动内容

第一项活动：一天的垃圾

第一部分：调查家中一天的生活垃圾

学生研究家中一天的垃圾情况：垃圾堆里有什么？有多少垃圾？分别称重，并给垃圾分类。填写"我家一天产生的垃圾统计表"，把作为垃圾扔掉的物品名称和重量记录下来，根据自己的理解试着判断这些垃圾各属于哪类。塑料袋、纸片等难以称重的可以记录数量。

第二部分：通过研讨初步认识垃圾问题

引导学生认识垃圾的数量以及垃圾的危害。安排统计活动，统计全校所有家庭一天产生的垃圾总量，教师出示广州市每天产生垃圾的数量。通过这些数据，学生对垃圾问题会有进一步的认识：又多又杂又脏。教师还可以再提供一些全国、广东省以及其他城市每天产生的垃圾总量和垃圾处理费等数据，给学生以强烈的感受。最后，帮助学生讨论垃圾的危害。

第二项活动：垃圾的处理

第一部分：用模拟实验研究垃圾简单填埋是否安全

介绍做模拟实验的方法。模拟实验是模拟垃圾填埋场在雨水的浸泡下发生的变化——污染地下水。实验中的小石子和清水模拟土层和地下水，浸过墨水的纸巾模拟被填埋的垃圾，慢慢往上面喷水模拟下雨。在模拟实验中，可以观察到埋在小石子中的墨水纸巾经过喷水后，墨水渗出，把原来瓶底的清水弄成墨水色了，这说明垃圾被埋在地下，其中的有害成分仍会浸滤出来污染地下水。

最后，从模拟实验现象扩展到真正的垃圾填埋场。真正的垃圾填埋场会对周围环境带来哪些危害？源源不断运来的垃圾会散发出恶臭味，污染空气；滋生蚊蝇，引发疾病；还会造成土壤污染，影响农业生产；等等。让学生通过研究感到简单填埋垃圾不是个好办法！

第二部分：垃圾可以用来建筑房屋和种植庄稼吗

探索垃圾的最终处理方法"不能用来建筑房屋和种植庄稼"，要让学生从地基不稳固和土壤可能有毒这些方面来考虑。让学生先尝试设计后再做介绍，有利于调动他们探究的积极性，他们会高兴地发现，通过自己的研究，真能有所发现。

第三部分：认识垃圾焚烧

垃圾处理的另一种方法就是焚烧。在研究了填埋法后可以让学生用比较的方法讨论焚烧垃圾的优点和缺点。焚烧法最大的优点是减量，它可以使垃圾从量上减少90%，大大降低了垃圾填埋量，最大的缺点是对周围的空气产生严重污染。利用现代技术焚烧垃圾产生的热量发电，重点要解决的问题就是空气污染的防治。

第三项活动：减少丢弃及重新利用

第一部分：减少丢弃的探讨

让学生自行研究商品包装问题，教师先提出4个问题指引研究和讨论的方向，最后让学生发表自己的看法并写下建议。

第二部分：认识生活物品的重新使用

"重新使用"就是常说的"废物利用"。看起来没有用了可以当作垃圾丢掉的东西，如果能发现它另外的用处而得到再利用，也可以减少垃圾的产生。

教师先引导学生尽量去发现塑料绳、玻璃瓶、塑料袋等物品重新使用的种种方法，启发、拓宽学生的思维，帮助学生养成不随意丢弃东西、物尽其用的好习惯。引导他们："我们的日常生活中还有哪些物品是可以重新使用的？怎样使用它们？"给学生和教师都留下了创造的空间。

最后，估计可以减少丢弃和被重新利用的物品大约占生活垃圾的多大比例，使学生进一步感受减少丢弃和重新利用的意义。

第四项活动：分类和回收利用

第一部分：可以回收利用的垃圾

学生调查附近的废品回收站或询问废品回收工作者，了解什么物品可以回收利用。教师介绍几种常见的可回收物品，帮助学生探讨垃圾回收的好处。然后，引导学生自己收集垃圾，让学生经历实际的垃圾中原材料的分拣回收过程。

第二部分：垃圾的分类和分装

帮助学生弄清楚垃圾是怎么分类的，各类垃圾具体都包括哪些东西。

生活垃圾一般可分为四大类：厨余垃圾、可回收垃圾、有害垃圾和其他垃圾。

（1）厨余垃圾：剩余饭菜、果皮和蔬菜茎叶等厨房垃圾。

（2）可回收垃圾：包括各种金属制品、纸制品、塑料制品、玻璃制品，还有橡胶、布类等。

（3）有害垃圾：包括废电池、废日光灯管、废水银温度计、废注射器、过期药品等，这些垃圾需要进行特殊处理。

（4）其他垃圾：包括除上述几类垃圾之外的砖瓦陶瓷、渣土、卫生间废纸等难回收的废弃物。

在校园里做一个堆肥箱，让学生体验一次实际的堆肥活动。通过堆肥杀死垃圾中的一些病原微生物、寄生虫及虫卵，让复杂的有机物被降解为易被植物吸收的简单化合物，成为高效的有机肥料。

借力科技转危为安　擦亮广式凉果品牌
——广式凉果食物添加剂调查及二氧化硫去除研究活动方案

☺ 成艳萍 ☺

一、主题产生的背景及活动的意义

"民以食为天，食以味为先"，作为广东特色食品之一的广式凉果，品种多，具有开胃、消食等作用，是人们喜爱的特色食品。然而一次又一次关于凉果中大量使用添加剂，甚至导致广式凉果在北京遭"封杀"的负面新闻，让人们越来越关注凉果的食用安全问题。的确，在凉果中加入适当的添加剂是提高品质、增加口感的重要手段，对凉果的生产起到了十分重要的作用。但是，片面地追求产量、外观，超标准、大剂量地使用添加剂使消费者的生命安全受到威胁，人们对凉果的不信任导致广东这一特色食品逐渐没落，生产厂家为了达到更好的销量，获得更人的利润，甚至越来越多地使用只带来使外观美和口感佳的非食用添加剂，如此恶性循环令凉果问题越发严重。

我们选择此课题是为了了解广式凉果的主要品种、凉果中食品添加剂的使用情况，试图通过实验找到安全无害的方法降低凉果主要有害残留物——二氧化硫的含量，逐渐增强公众的食品安全意识，为我市构建食品安全防线出一份力。

二、活动目标

1. 知识目标

（1）通过调查，让学生了解广式凉果的主要品种，初步掌握基本的食品安全知识。

（2）挖掘、寻找一些既能有效减少二氧化硫残留，又对人体无害的方法的同时，学习掌握科学探究、生物化学的知识。

2. 技能和能力目标

（1）通过周密的思维，培养学生科学地设计研究方案，并在实际运用过程中对自己的方案进行改进的能力。

（2）培养学生发现问题、分析问题、解决问题的能力，并在活动过程中渗透实事求是的科学态度。

（3）让学生经历考察、探究活动的过程，学习科学的探究方法，并能通过多种方法（语言、文字、图画等）反映研究成果。

3. 情感、态度与价值观目标

（1）通过研究活动保持与发展学生探究科学的欲望。

（2）从小培养学生的社会责任感与实践精神。

（3）让学生在寻找科学去除二氧化硫方法的过程中，形成与自然、社会和谐相处的情感，确立科学的自然观、人生观和价值观。

三、活动对象、人数和需求分析

作为一个培养科学意识，提高学生科学素养的校际性科学活动方案，初步计划在学校高年级内以"全面普及，以点带面"的形式开展。

点：以学校科技小组的学生成立一个"广式凉果食物添加剂调查及二氧化硫去除研究活动"领导小组，负责筹划、宣传、实施及日常活动的处理。

面：全校三至六年级620名学生参与该活动，投身到调查及研究中去。

其中，三至四年级学生具有了一定的自然、科学方面的知识，观察的目的性更强，在感知过程中的分析与综合水平有了一定的发展，他们在开展凉果添加剂使用情况调查的过程中会尝试了解各种添加剂的作用及弊端。在这个过程中，在教师的指导下通过有意识地观察发现问题、分析问题，从而培养学生积极思考、解决问题的能力。

五至六年级学生在广泛学习自然、科学知识的前提下，思维方式由具体形象思维逐渐向抽象逻辑思维过渡。他们能将调查中发现的数据、事实加以归纳、整理、迁移、创新，努力探索减少凉果中二氧化硫残留的新方法，在探究活动中体会探索未知世界、提出新的思路、解决新问题带来的乐趣。

四、活动方案的主体

1. 活动内容

第一阶段：调查、了解、发现问题

通过参观考察，走访生产厂家、超市、小卖部，了解当前主要的凉果品种、添加剂种类、添加剂量等情况，并通过检测了解凉果上二氧化硫的残留问题。

通过深入观察，寻找生产中可能存在的，又不太明显的，既可减少二氧化硫残留，又比较环保高效的方法。

第二阶段：合作探究分析问题

将调查、实验结果进行归纳总结，对一些有可能推广使用的去除二氧化硫的方法进行重点研究，通过模拟实验、实地检测等方法寻找切实可行的降硫方法。

第三阶段：成果展示推广应用

将成果整理成文字材料，作为阶段性成果，并拟订方案宣传推广。

2. 活动重难点

重点：找到去除二氧化硫效果良好，但又不妨碍凉果外观、口感和品质的好方法。

难点：当学生们找到了可能有效的降硫方法后，怎样设计实验，控制好变量，通过实验证明这些方法行之有效，值得推广。

3. 活动过程和步骤

（1）前期准备。

由科技兴趣小组的学生负责前期准备工作。通过红领巾电视台向同学们进行食品安全知识的宣传，通过事例说明食品安全的重要性，发动全校学生积极参与本次科技活动，提示同学们可以通过去图书馆、上网、请教专家等方式收集相关知识。开展相关资料的收集展示活动，在校内采用小组内互相交流、班际间互相学习、校内统一展示等方式，让学生大量积累有关食品安全和食品添加剂等方面的知识，为下一步开展活动奠定基础。

科技兴趣小组的学生还将组成培训组、辅导队。培训组对各班学生进行培训，交流如何确定调查内容、调查方法，怎样细致观察等方面的内容。而辅导队在培训组工作的基础上，分布到开展活动较困难的中低年级，协助处理活动过程中的突发事件。

（2）问卷及实地调查。

问卷调查成功的先决条件是设计好问卷。各年级的学生根据自己的年龄特点，查阅相关资料，对非法添加剂的危害、科学降硫等方面有一定认识后，设计好调查问卷，并请辅导教师帮助修改，决定最后的问卷。

带着问卷到市场上调查凉果的品种、配方、成分，采访工人，了解当前凉果生产主要采用的添加剂和降低二氧化硫的方法。在此过程中要求：确定具体的调查时间、人员安排、指导教师，带好笔、记录本、相机等器材。调查时注意细节，（例如，凉果生产流程会产生哪些不良因素导致增加添加剂的使用量，添加剂成分的组成，二氧化硫的去除方法等）做好详细的调查、观察记录。

（3）选择分析及实验研究。

凉果添加剂和二氧化硫残留物的调查将成为学生探究性学习的一个良好资源，学生在观察、调查的过程中对调查结果做统计和分析，根据结果总结出当前凉果生产中添加的主要添加剂，面临的最主要残留物——二氧化硫的含量等数据。

在此基础上，设计一些减少二氧化硫残留物的探究活动。首先是实验的条件，创设一个实验环境，设计好各变量的数量，检测各种方法在减少二氧化硫残留方面的效果；还可以根据实验后凉果的外观、口感等了解各种方法实际应用的可能性。通过这些实验延伸、拓宽研究的范围，引导学生向更深层次思考。

（4）成果展示及推广应用。

学生通过学习、调查、实验，掌握一定的知识和技能以后，将调查结果整理成文字、图片材料，作为阶段性成果进行展示。例如，开展专项科普知识竞赛（内容包括食品安全知识、添加剂知多少、化学与我们的生活等内容），开展科学研究小论文、手抄报、黑板报设计评比等活动。

学校将利用双休日、寒暑假组织学生通过宣传板报、标语、发放宣传资料等各种渠道和方式积极向居民、工厂进行宣传，改变购买者盲目追求凉果外观、口感及工厂盲目使用添加剂的错误观念；也可以通过广播、电视、网络等媒体将食品安全的信息传到千家万户，提高人们的食品安全意识。

对经过实验证明可行的降硫方案，学生将在相关主管部门和专家的支持与协助下宣传推广，减少凉果成品中二氧化硫残留物的含量，共同构建安全的凉果生产网。

4. 可能出现的问题及解决预案

问题一：凉果添加剂较多，如何判断某一凉果中包括哪些添加剂？

解决预案：在前期准备时，通过收集资料，先初步了解现行凉果生产中经常加入哪些食品添加剂，有针对性地购买相应的检测试剂和试纸。实地调查时，先自行初步检测凉果内添加剂的种类，对有疑问或不确定的成分送相关部门检测，为下一步的实验奠定基础。

问题二：如何设计好降硫的实验？

解决预案：对降硫的实验，首先要做好实验前的设计，检测各种凉果中二氧化硫含量的数据，收集残留量较大的凉果种类，创设一个较密闭的实验环境，利用不同的方法实验，记录实验结果。

问题三：如何将较有效的降硫方案进行推广？

解决预案：在找到效果较好的降硫方法之后，请专家鉴定后与市内各区的食品药品监督局、工商部门联系，通过他们与工厂协商，确定实验工厂，进行实地推广应用。

5. 活动结果及呈现方式

文字资料成果：

（1）将调查、实验的结果整理、综合后提供给食品药品监督局、工商部门等单位，作为我市凉果生产现状及降硫工作的总结与探究材料。

（2）将成果提供给凉果生产厂家作为宣传教育材料。

（3）写成研究性论文，作为学生科技活动的研究论文。

实践方法成果：

（1）将降硫的好方法整理成具体实施的方案申报市食品药品监督局鉴定。

（2）在生产中推广降硫效果好的方法。

6. 评价标准

评价原则：参与原则、过程原则、综合原则、激励原则。

评价内容：

（1）知识、方法、技能掌握情况和在活动中的参与情况。

（2）探究精神和实验能力的发展情况。

（3）活动的收获与成果。

评价形式：

（1）教师评价与学生自评、互评相结合。

（2）定性评价与定量评价相结合，以定性评价为主。

（3）对文字成果与学生实践方法成果和活动、展示的评价相结合等方法。

7. 活动对学生的教育作用

（1）使学生获得亲身参与调查与实验的积极体验及丰富经验。

（2）使学生形成了亲近自然、关注生活的习惯和关心社会的责任感。

（3）使学生形成了从生活中主动地发现问题并尝试解决问题的态度与能力。

（4）通过与人交流、与人合作形成团结协作的精神。

（5）通过在活动中涌现的优秀成果推动科技教育工作的开展，促进师生素质的提高。

五、实施活动方案的优势

1. 相关知识和经验积累，曾经开展过类似的教育活动

作为一位生物教育专业本科毕业的教师，大学期间我系统地学习过化学、食品学等知识。从教10年来，我作为学校专职的科学教师，在教育教学方面积累了大量的经验，参加了国家义务标准实验教科书、粤教科技版小学科学教材及广州市小学环境教育课程《小学环境教育教师参考用书》的编写工作，并开发出我校一至六年级的科学与环境校本课程。

10年来，作为学校科技总辅导员，在指导学生开展科技活动方面我积累了大量经验，曾指导开展过《百煮成害——久沸水中有害物质变化及消除的研究》《畅游珠江梦渐近——珠江水质及生物多样性调查研究》《让菜篮子明天更美好》等多项与食品安全相关的科技活动，对学生产生了良好的教育效果。撰写的论文在全国科技创新大赛中获全国一、二等奖，撰写的科学活动方案获"全国优秀方案奖"，学校开展的科学实践活动曾两次荣获全国奖项。指导学生完成的科研成果受到广东省农业厅、广州市疾病控制预防中心等专业部门的大力肯定与推广。

2. 丰富的资源，有力的依托

（1）作为一所以科学探究为主要活动的科技特色学校，我校学生在长期开展活动的基础上，对科学探究活动有着浓厚的兴趣，主动收集信息能力强，科学知识丰富，参与度高。

（2）学校以科技教育作为教学特色，以全面提高学生科学素养为办学宗旨，对科技活动重视程度高、投入大。在加强学校科普教育的过程中，重视培养学生骨干，形成了一支学生科普骨干队伍，对本次"广式凉果食物添加剂调查及二氧化硫去除研究活动"成立了活动方案领导小组，认真落实方案中的内容，调拨充足的科研经费，配合活动的开展；协助联系共建单位和社区，聘请省、市专家对活动进行指导。

（3）在多年开展活动的过程中，我校与各大专院校、科研单位建立了良好的关系。广州市科技局、越秀区科技局、越秀区教育局多次调拨专项科研经费给我校进行科技研究活动，学生可以在广州图书馆、中山图书馆、科技图书馆等地查阅到大量的资料信息，广州市食药局、越秀区科技局及广州各大高校的专家也经常到我校对学生活动进行指导。

附件1：活动指南

借力科技转危为安　擦亮广式凉果品牌
——广式凉果食物添加剂调查及二氧化硫去除研究活动方案指南

一、活动基本情况简介

（一）活动主题

"借力科技转危为安　擦亮广式凉果品牌"。

（二）活动宗旨

"食品安全　健康人生"。

（三）活动目的

见方案。

（四）活动目标（知识，技能与能力，情感、态度与价值观）

见方案。

（五）活动准备

见方案。

（六）活动时间、地点及人员

时间：2012年6月—2013年6月。

地点：广州及周边地区。

人员：教师21位，科学顾问2位，学生620名。

二、组织安排

主办单位：广州市越秀区铁四小学、广州市越秀区科技局。

领队：成艳萍、黄伟延、萧燕群。

三、活动过程和步骤

本次科学活动从2012年6月开始，到2013年6月结束，历时一年。活动过程包括前期准备、问卷及实地调查、选择分析及实验研究、成果展示及推广应用4个步骤。活动流程图如图1所示。（文字材料见方案设计）。

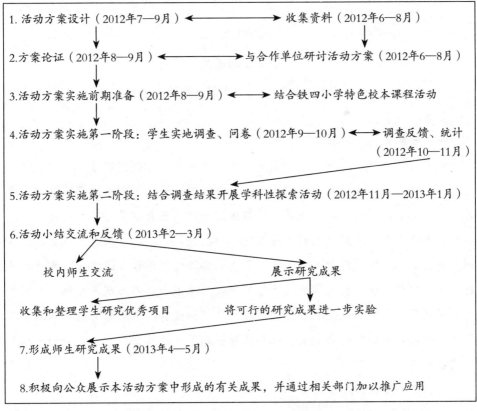

图1　"借力科技转危为安　擦亮广式凉果品牌"活动步骤

四、活动器材准备

（一）学生外出问卷及调查装备

铅笔、圆珠笔、笔记本、调查问卷、照相机、太阳帽、雨伞、防水背包、水壶、电话、纸巾、垃圾袋、食物、常用药品等。

（二）学校为学生研究准备的仪器、材料

玻璃水槽、恒温箱、各种测试试剂、试纸、胶头滴管、量筒、漏斗、搅拌机、喷雾器、臭氧发生仪等。

六、活动注意事项

（1）学生外出调查之前，应由相应的指导教师召集全体组员开一个准备会议。

（2）听从教师指导，注意自身安全。

（3）工厂调查，注意安全，女生扎起头发。

（4）文明有礼，爱护他人财物，体现铁四小学学生良好的精神面貌。

附件2：学生活动论文

舌尖上的凉果

——广式凉果二氧化硫残留检测及去除研究

一、研究目的

我平时十分喜欢吃凉果，特别是陈皮、嘉应子和九制橄榄等，没事我总爱吃几口。因为我总不爱吃饭，妈妈变着花样为我做菜，还创造出了许多"凉果菜式"，如陈皮排骨、橄榄鱼等，这样酸酸甜甜的菜我就爱吃了。可有一天，一个朋友来我家，看到我们的饭桌大吃一惊，说："这些凉果有很多食品添加剂，还会有二氧化硫残留，不能吃！"真的吗？为了保住我的零食，我开始了解凉果，发现不少资料上都有关于凉果里放了很多食品添加剂的文章，也有的文章提到了凉果中二氧化硫超标的情况。是不是所有的凉果都有这些问题？二氧化硫残留对我们有什么危害？这些问题引起了我的注意，于是我开始了相关的调查和研究。

二、研究过程和方法

（一）调查

（1）调查我校同学日常食用广式凉果的习惯。

（2）调查周边在售的常见广式凉果种类。

（二）观察

（1）不同种类凉果外观比较。

（2）脱硫实验后凉果的感官变化。

（三）实验

（1）广式凉果二氧化硫残留的初步测定。

（2）广式凉果二氧化硫残留的精确测定。

（3）减少凉果中二氧化硫含量的实验。

① 常温（约25℃）清水不同时长浸泡脱硫实验。

② 不同温度下清水相同时长浸泡脱硫实验。

③ 超声波对广式凉果脱硫效果实验。

④ 臭氧对广式凉果脱硫效果实验。

实验一：臭氧对广式凉果的脱硫效果。

实验二：臭氧与水混合对广式凉果的脱硫效果。

（4）脱硫实验后凉果变化实验。

三、调查、实验结果与分析

（一）广式凉果简介

广东地区天气温暖湿润，瓜果品种众多，许多当时吃不完的瓜果怎么办呢？唐宋开始，已经有人取材潮州盛产的瓜果，将瓜果经腌制、糖（蜜）熬煮式浸渍、干燥，制成"留原瓜之味而更甜香，保原果之形而更精美"的广式凉果（见图2），至今已有1000多年历史了。

图2　广式凉果

作为一种利用瓜果制成的小吃，广式凉果是我国具有悠久历史的民间传统食品。在北方，瓜果主要制成蜜饯（又称果脯），它是以各种鲜果为主要原料的糖制品，形状大多数不保持原果整体，柔软滋润，色泽透明或半透明，味道酸、甜、香，有原果风味，一般有润喉润肺及其他营养补助功效。而在南方，人们则喜欢将瓜果制成凉果，它们的形状一般保持原果整体，表面较干，有的呈盐霜状，味道甘美、酸甜、略咸，有原果风味，并且有生津止渴、开胃的作用。

（二）调查我们身边的广式凉果

1.调查周边在售的常见广式凉果种类

我们调查了学校周边的超市、小卖部，发现凉果的种类丰富（见图3），可以归为以下几类（见表1）。

图3 调查周边常见的广式凉果

表1 学校周边的超市、小卖部凉果种类一览表

序号	类别	代表种类
1	蜜饯类	化皮榄、黄金李、化核加应子、原李、蜜李片、蜜桃、芒果干等
2	果脯类	杨桃脯、李子脯、黄皮豉等
3	果糕脯类	山楂糕、五味姜、柠汁姜、山枣糕等
4	话化类	话梅、话李、陈皮梅、陈皮杏脯等
5	中式凉果类	冬瓜片、糖马蹄、糖莲藕、糖柑饼、橘饼等

我们选取了几种记录包装上显示的成分（见表2）。

表2　常见凉果包装上印刷成分一览表

序号	种类	成分
1	话梅	梅子、盐、糖及甘草
2	柠汁姜	姜、糖水、柠檬
3	芒果干	芒果、糖、甘草和香料
4	黄皮豉	黄皮、砂糖、盐和甘草
5	陈皮杏脯	杏肉、甘草、砂糖及陈皮
6	蟠桃果	杏、糖及腌料

2. 我校同学们日常食用广式凉果的习惯

（1）调查人群。由于各人群中儿童比较偏爱凉果，因此，本研究选择我校小学生作为调查对象，随机抽取10个班，各班随机抽取20名学生，男女各半，进行凉果摄入频率调查（见表3）。

表3　凉果食用习惯调查统计表

调查内容	数据	A. 经常	B. 偶尔	C. 不吃零食
平时有吃凉果的习惯吗？	人数	132	37	31
	比率	66%	18.5%	15.5%

（2）凉果食用习惯和食用量的调查。本调查采用定量的食物频率问卷，调查收集每名学生对凉果种类的喜好及最近1个月凉果食用量信息，如图4所示。频率问卷同时还包括调查对象的一些基本信息，如性别、年龄、体重等（见表4、表5）。

图4　学生在做凉果食用习惯和食用量的调查

表4　学生喜爱的凉果品种调查统计表

调查内容	数据	A.话梅	B.咸姜	C.陈皮杏脯	D.芒果干	E.嘉应子	F.无花果干
平时喜欢的广式凉果品种（多选）	人数	142	31	99	116	140	68
	比率	71%	15.5%	49.5%	58%	70%	34%

表5　学生平时食用广式凉果频率调查统计表

调查内容	数据	A.0次/月	B.1～3次/月	C.1次/周	D.2～3次/周	E.4～6次/周	F.≥2次/天
平时食用广式凉果的频率	人数	3	7	32	65	42	51
	比率	1.5%	3.5%	16%	32.5%	21%	25.5%

结论：可见广式凉果还是比较受同学们喜爱的，同学们日常吃凉果的比例比较高。

在广东，生产广式凉果的地区主要是新兴县和潮州市。在这两个地区，旅游区公路旁的凉果销售店铺就像一幅幅七彩风景画，只要一走到里面，马上就会被形形色色的各式凉果吸引，话梅、橄榄、山楂、芒果，红的、绿的、白的，酸的、甜的、辣的……散发出诱人的味道。南来北往的游客都会到凉果店逛，随便买些凉果回去做礼物。随着生产的扩大和名气越来越大，小小的凉果渐渐成为广东特色食品。然而"潮安凉果在京遭遇全面'封杀'"的消息让人对广式凉果中食品添加剂的使用、二氧化硫残留和微生物超标等负面消息心有余悸。然而，事实到底如何呢？我们开始了实验研究。

（三）广式凉果二氧化硫残留的测定

1. 广式凉果二氧化硫初步测定实验

实验试剂：二氧化硫快速检测试剂。

使用方法：①用天平称取1g样品并尽量剪成小碎片，放入样品杯中。用塑料刻度吸管加入10mL纯净水，放置10min以上，期间可用吸管搅拌或振摇以加速提取，其上清液即为样品液；②在多孔比色管的孔中先滴加2滴检测液，然后加0.5mL（12滴）提取的样品液搅拌混匀，放置2min，观察颜色变化，并与色卡对照。

结果判断：2min后观察孔中颜色的深浅。样品液的颜色比标准工作液的颜色较深，样品中的二氧化硫含量越高。同时，并与标准色卡对照，可以初步得出样品中的二氧化硫的残留数值。图5为学生在做广式凉果二氧化硫初步测定实验。

图5 学生在做广式凉果二氧化硫初步测定实验

参考标准：《〈食品添加剂使用卫生标准〉应用指南》（978-7-5066-5143-1），（蜜饯凉果：以二氧化硫计，残留量≤350mg/kg）

结论：在初步检测的6种广式凉果中，以话梅、柠汁姜、山楂糕的二氧化硫含量最高（见表6）。为了下面进行的实验的准确性，我们又将这三种凉果送往广东省微生物分析检测中心食品药品实验室进行了精确的检测。

表6 实验结果：广式凉果二氧化硫初步测定结果一览表

序号	种类	SO_2残留（mg/kg）
1	话梅	1200
2	柠汁姜	950
3	芒果干	300
4	黄皮豉	250
5	山楂糕	850
6	蟠桃果	800

2. 广式凉果二氧化硫残留精确测定实验

原理：在密闭容器中对样品进行酸化并加热蒸馏，以释放出其中的二氧化碳，释放物用乙酸铅溶液吸收。吸收后用浓硫酸酸化，再以碘标准溶液滴定，根据所消耗的碘标准溶液用量计算出样品中的二氧化硫含量。

试剂：浓盐酸、乙酸铅溶液、淀粉指示液（10g/L）、硫代硫酸钠、无水碳酸钠。

仪器：全玻璃蒸馏器、碘量瓶、酸式滴定管、小烧杯2个、移液管5根、玻璃棒1根、容量瓶2个、量筒1个。

做法：①前处理。样品用刀切碎后混匀，称取10g均匀样品置于500mL圆底蒸馏烧瓶中。②蒸馏。在圆底烧瓶中加入250mL水，装上冷凝装置，冷凝管下端插入碘量瓶中的25g乙酸铅吸收液中，然后在蒸馏瓶中加入10mL盐酸，立即盖塞，加热蒸馏。当蒸馏液约200mL时，使冷凝管离开液面，再蒸馏1min。用少量蒸馏水冲洗乙酸铅溶液的装置部分。在检测的同时做空白试验。③滴定。向取下的碘量瓶中依次加入10mL浓盐酸、1mL淀粉指示液。摇匀后，用碘标准滴定溶液，滴定至变蓝且在30s内不褪色为止。

图6为在实验室中测定二氧化硫残留量。实验结果见表7。实验现象如图7所示。

图6　在实验室中测定二氧化硫残留量

表7　实验结果：广式凉果二氧化硫精确测定结果一览表

序号	种类	SO$_2$残留（mg/kg）
1	话梅	1250
2	柠汁姜	910
5	山楂糕	805

图7　实验现象

结论：由表7可见，我们日常食用的广式凉果中，确实存在二氧化硫残留超标的情况，部分凉果超标情况还比较严重。我们使用二氧化硫快速检测试剂测得的数据与实验室精确数据差异不算太大，于是在接下来的实验中我们都采用二氧化硫快速检测试剂检测的方式。

（四）减少凉果中二氧化硫含量的实验

在广式凉果的加工中，二氧化硫及其亚硫酸盐是常用的一种添加剂，其主要应用功能是防腐、保鲜和食材漂白。经二氧化硫处理后，果蔬原料漂白后易于均匀染色，可减轻果蔬原料的氧化褐变，使成品获得光亮透明的色泽效果并起到防腐杀菌的作用。另外，二氧化硫可使原料表面细胞遭到破坏，从而促进渗糖和凉果的干燥。因此，如果在后续的加工过程中没有采用合适的降硫技术，就无法除去产品中残留的二氧化硫，从而导致二氧化硫指标超标。

如何减少凉果中二氧化硫的含量呢？我们进行了如下实验：

1.常温（约25℃）清水不同时长浸泡脱硫实验（见表8）

原理：二氧化硫与水结合形成新物质。

做法：取话梅、柠汁姜、山楂糕各100g，在常温下用500g清水浸泡，分别测量浸泡前、2h、4h、6h和8h凉果本身二氧化硫残留浓度。实验结果折线图如图8所示。

表8 实验结果：常温（约25℃）清水不同时长浸泡脱硫实验结果一览表

序号	种类	SO₂残留（mg/kg）				
		浸泡前	2h	4h	6h	8h
1	话梅	1250	1000	900	800	750
2	柠汁姜	950	750	700	600	500
5	山楂糕	850	650	500	450	450

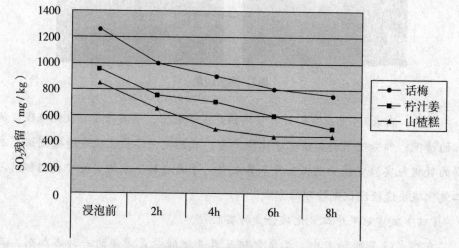

图8 常温（约25℃）清水不同时长浸泡脱硫实验结果

结论：常温下，将广式凉果以清水浸泡，显示试样中二氧化硫残留量迅速大幅度降低，6h之后降幅趋缓，脱硫效果与时间的增加有关。

2. 不同温度下清水相同时长浸泡脱硫实验（见表9）

原理：温度升高会促进二氧化硫与水结合形成新物质。

做法：取话梅、柠汁姜、山楂糕各100g在50℃、60℃、70℃下分别用清水浸泡，测量浸泡8h凉果本身二氧化硫残留浓度。实验结果柱形图如图9所示。

表9 实验结果：不同温度下清水相同时长浸泡脱硫实验结果一览表

序号	种类	SO₂残留（mg/kg）			
		浸泡前	50℃	60℃	70℃
1	话梅	1250	950	800	700
2	柠汁姜	950	650	500	400
5	山楂糕	850	450	350	350

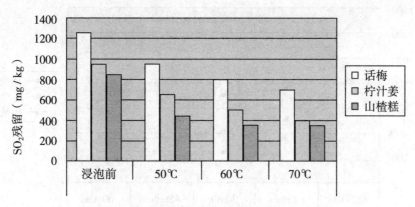

图9　不同温度下清水相同时长浸泡脱硫实验结果

结论：以50℃、60℃、70℃热水浸泡处理试样，显示处理8h后试样中二氧化硫残留量大幅度降低，温度越高，脱硫效果越好，显示二氧化硫易挥发，升高处理温度可加速二氧化硫从果实组织内部溶出的速度。我们可以看出，70℃处理8h时的山楂糕中二氧化硫的残留量已降低到接近国家标准了。

3. 超声波对广式凉果脱硫效果实验（见表10）

原理：超声波能在物质介质中形成机械振动，从而造成组织的微损伤，使二氧化硫更快速地溢出。

仪器：单槽超声波仪。

做法：试样100g与清水以1∶5混合，超声波处理频率为40kHz，超声强度为0.48w/cm，测量对照组、处理15min、30min、45min和60min时凉果本身二氧化硫残留浓度。实验结果折线图如图10所示。

表10　实验结果：超声波对广式凉果脱硫效果实验结果一览表

序号	种类	SO_2残留（mg/kg）				
		处理前	15min	30min	45min	60min
1	话梅	1250	750	700	650	650
2	柠汁姜	950	500	400	350	350
5	山楂糕	850	350	250	250	250

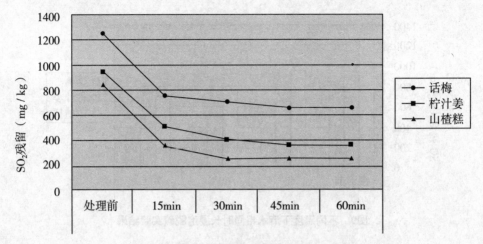

图10　超声波对广式凉果脱硫效果实验结果

结论：通过实验，我们发现超声波处理的凉果脱硫效果极其显著，处理15min，二氧化硫的残留量已急剧下降，特别是山楂糕由初始的850mg/kg大幅度下降到350mg/kg，处理60min降至250mg/kg，脱除率达到70.59%，完全符合国标300mg/kg的限量要求。超声波在话梅脱硫上效果不及山楂糕明显，可能与梅子的形状及梅子果肉组织细密有关，因为山楂糕的片状结构更有利于吸收和释放二氧化硫。

4.臭氧对广式凉果脱硫效果实验（见表11）

实验一：臭氧气体对广式凉果的脱硫效果。

原理：臭氧在常温常压下，能分解产生氧化能力极强的单原子氧和羟基，其分解产物具有的强氧化性，可以与凉果中的二氧化硫结合，降低凉果果胚中二氧化硫的残留量。

仪器：臭氧发生器（15W输出活氧量：≥400mg/h）、处理后试管、胶塞等。

做法：分别称取50g话梅、柠汁姜、山楂糕，平铺于特制胶瓶中，一端放入臭氧发生器中，打开臭氧发生器电源，让臭氧气体进入试管内冲走原空气后再充气1min，拔出臭氧发生器并塞上塞子，测量凉果在分别放置2h、12h、36h和48h后，本身二氧化硫的残留浓度。图11为学生做臭氧对广式凉果脱硫效果实验。实验结果如图12所示。

图11　学生做臭氧对广式凉果脱硫效果实验

表11　实验结果：臭氧对广式凉果的脱硫效果实验结果一览表

序号	种类	SO_2残留（mg/kg）				
		处理前	2h	12h	36h	48h
1	话梅	1250	1000	900	850	800
2	柠汁姜	950	850	700	600	550
5	山楂糕	850	750	650	500	400

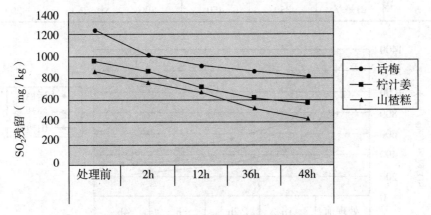

图12　臭氧对广式凉果的脱硫效果实验结果

结论：通过实验我们发现，3个样本中二氧化硫含量随着臭氧处理放置时间的延长而逐渐降低。未处理的话梅、柠汁姜、山楂糕的二氧化硫含量分别为1250mg/kg、950mg/kg和850mg/kg。经臭氧处理后，3个样品的二氧化硫含量随放置时间的延长而明显下降，放置4h后的二氧化硫降解率分别为48%、42.10%、52.94%。其中山楂糕的二氧化硫降解率明显高于其他2个样品，该结果说明臭氧处理可有效降低凉果蜜饯中二氧化硫的残留量，效果因果蔬种类的不同而异，这主要是样品内部组织形状的差异使得在同一环境中臭氧渗入不同样品的速度不同所致。

实验二：臭氧与水混合作用对广式凉果的脱硫效果（见表12）。

原理：利用臭氧的强氧化性与水的浸泡脱硫能力，降低凉果中二氧化硫的残留量。

仪器：臭氧发生器（15W输出活氧量：≥400mg/h）、烧杯等。

做法：分别称取100g话梅、柠汁姜、山楂糕，平铺于烧杯底部，加清水500g浸泡，放入臭氧发生器，让臭氧气体进入水槽内，分别测量浸泡前、1h、2h、3h和4h凉果本身二氧化硫的残留浓度。实验结果如图13所示。

表12　结果：臭氧与水混合作用对广式凉果的脱硫效果实验结果一览表

序号	种类	SO_2残留（mg/kg）				
		处理前	1h	2h	3h	4h
1	话梅	1250	700	550	450	400
2	柠汁姜	950	650	400	350	300
5	山楂糕	850	450	300	250	200

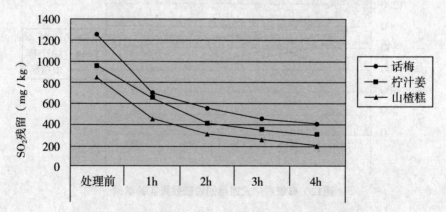

图13　臭氧与水混合作用对广式凉果的脱硫效果实验结果

结论：通过实验，我们发现3个样本中二氧化硫含量随着臭氧处理放置时间的延长而逐渐降低。相比单纯清水浸泡或臭氧气体作用，臭氧与水混合处理脱硫所需要时间减少，效果明显好于前两者。通过该处理，柠汁姜和山楂糕都达到了国家标准，说明臭氧与清水混合处理是一种相对有效降低凉果蜜饯二氧化硫残留的方法。图14为教师指导学生做臭氧与水混合作用对广式凉果的脱硫效果实验。

图14 教师指导学生做臭氧与水混合作用对广式凉果的脱硫效果实验

（五）脱硫实验后凉果变化实验

我们对凉果进行了各种脱硫实验，基本上能达到国家规定的二氧化硫残留标准，然而凉果毕竟只是一种小吃，它的色香味对销售及食用有着极大的影响。脱硫实验后，凉果的外表、气味及口感会有变化吗？我们进行了如下观察和实验。

观察：脱硫实验后凉果的感官变化。

取各种实验后的凉果并晾干，用眼观外观，用鼻子嗅气味，用舌头品尝，与实验前的凉果进行比较（见表13）。

表13 脱硫实验后凉果感官变化一览表

品种	性质	原凉果	常温清水浸泡	高温清水浸泡	超声波处理	臭氧气体处理	臭氧与水混合作用
话梅	外观	褐、干燥、有一层白粉（糖霜）	浅褐、干燥、无糖霜	浅褐、干燥、无糖霜	褐、干燥、有糖霜	褐、干燥、有糖霜	浅褐、干燥、无糖霜
	气味	甜香味	无甜香味	无甜香味	无甜香味	初期有臭味，过了半天后臭味消失	无甜香味

续 表

品种	性质	原凉果	常温清水浸泡	高温清水浸泡	超声波处理	臭氧气体处理	臭氧与水混合作用
话梅	口感	甜、甘	淡、甘、硬	淡、甘、硬	甜、甘	甜、甘	淡、甘、硬
柠汁姜	外观	土黄、微湿	浅土黄、干燥	浅土黄、干燥	土黄、微湿	土黄、微湿	土黄、干燥
	气味	甜香味	无甜香味	无甜香味	无甜香味	初期有臭味，过了半天后臭味消失	无甜香味
	口感	酸、甜、辣	韧、酸、微甜、辣	韧、酸、微甜、辣、无煮熟感	酸、甜、辣	较酸、甜、辣	韧、较酸、微甜、辣
山楂糕	外观	红褐、湿	红褐、干	红褐、干	红褐、湿	红褐、湿	红褐、干
	气味	较甜、微酸	微甜、微酸	微甜、微酸	较甜、微酸	较甜、较酸	微甜、微酸
	口感	软、粘、甜、甘	干、微甜	干、微甜、无煮熟感	软、粘、甜、甘	软、粘、甜、甘	干、微甜、甘

实验：脱硫实验后凉果总糖度变化。

为了了解臭氧处理是否会对话梅、柠汁姜、山楂糕品质造成影响，我们在感官观察的基础上测定了各处理样品的总糖含量，结果见表14；如图15所示。

仪器：LB90A糖度计。

方法：将一滴样本溶液置于棱镜上，读液晶显示器数值。

表14　实验结果：臭氧处理脱硫实验后凉果总糖度变化一览表

阶段	话梅	柠汁姜	山楂糕
处理前（g/100g）	30.58	28.32	32.11
处理后（g/100g）	32.44	27.11	32.21

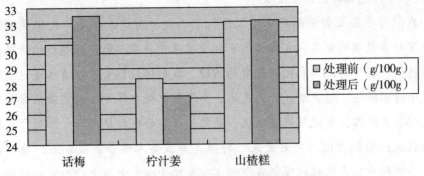

图15 臭氧处理脱硫实验后凉果总糖度变化图

结论：可见，经过臭氧处理后，话梅、柠汁姜、山楂糕的总含糖量有轻微的变化，有的增加，有的减少，但变化幅度都不大，对品质影响不大，可以忽略不计。我们推测导致总糖度变化的原因可能是样品中的蔗糖部分被臭氧氧化从而转化成还原性糖或者与糖转化相关酶的活性有关，但我们暂时没有条件进行研究，确切机理有待进一步研究。

四、总结及分析

（一）广式凉果二氧化硫残留的原因及危害

广式凉果是我国的传统副食品之一，因其独特的风味及口感受到广大消费者的青睐。广东省是广式凉果的主要产地，广式凉果生产过程中半成品的保藏普遍采用硫藏的方式。硫藏是以二氧化硫熏蒸或亚硫酸盐溶液浸泡果蔬使其得以长期保藏的半成品保藏方法，除防腐外还兼有漂白、防褐变的作用，且成本低廉、操作方便，目前尚无更好的方法可以取代。但该方法若使用不当，会造成产品中的二氧化硫残留超标。如果人体长期摄入二氧化硫会造成肠道功能紊乱，从而引发剧烈的腹泻、头痛，损害肝脏，影响人体营养吸收，严重危害人体的消化系统健康。特别是对于正值生长发育期的儿童来说，食用二氧化硫残留量超标的食物危害是很大的。

广式凉果经历过多次"封杀"，其中二氧化硫超标是目前广式凉果不合格的主要原因。相关标准规定，凉果中二氧化硫残留限量不超过350g/kg，传统广式凉果与北方果脯的浸渍湿润型不同，多为干爽型，生产地气候湿热、生产工艺等特点导致广式凉果很难达到国标要求。

（二）擦亮品牌，保障健康

我们对市面上大量的广式凉果进行了调查，对广式凉果二氧化硫的残留进行了初步精确的测定，发现确实有部分凉果中存在二氧化硫超标的情况，为此，我们开展了降低二氧化硫残留的实验。我们通过25℃常温清水浸泡、不同温度下清水浸泡、超声波、臭氧气体、臭氧与水混合等方法的实验来尝试减少二氧化硫的残留，发现超声波脱硫和臭氧与水混合脱硫这两种方法对广式凉果二氧化硫残留的去除有较好效果。特别是臭氧与水混合脱硫方法，能将柠汁姜、山楂糕中二氧化硫的残留减少68.42%和70.59%，由原来的严重超标降低到国家食品卫生标准以内，效果显著。同时，经过降硫处理的凉果在烘干后外观、气味、口感无太大变化，总糖度检测也无太大变化。可见，利用臭氧与水混合处理降低广式凉果中二氧化硫的残留是一种有着推广应用前景的新方法。

清除食品中二氧化硫残留的方法或者将食品中二氧化硫残留量降低到安全水平，是当今国内外各科研部门正在研究的热点。寻找行之有效的降硫技术也是广式凉果行业亟待解决的关键问题。随着科学技术的发展，降硫效率高、成本适中、使用安全和操作简便的降硫技术必将成为今后广式凉果降硫技术发展的主要趋势。也许在不久的将来，其他学科和其他领域的最新科研成果会产生有关降硫新技术，我们可以把它们应用到广式凉果中，成为开发新型降硫技术的新思路和重要途径。

科学在不断进步，让我们一起用科学的手段研究新的生产工艺，一起擦亮广式凉果的品牌，让广式凉果走入更多家庭！

五、收获和鸣谢

通过半年多的调查、实验、研究，我们在老师的指导下学到了很多课堂上学不到的东西，增长了很多化学、食品学方面的知识，培养了动手能力，锻炼了自己的毅力。我们了解了研究一个问题的方式（要收集资料、做实验、分析实验数据），体验了科学家研究的艰辛。这次活动让我们有机会和广东省微生物分析检测中心食品药品实验室的叔叔阿姨们一起进行实验，了解生活中的科学知识。总之，这次使我们增长了知识、开阔了视野的活动令我们终生难忘。

在这次科学探究活动中，我们得到了广东省××研究所食品药品实验室郭高级工程师的热情帮助，同时，广东省××分析检测中心也对我们的科学探究活动给予了大力支持，在此表示衷心的感谢。

我的校园我做主

——校园凤凰木病虫害及生物习性的研究实践活动

一、主题产生的背景及活动的意义

我们的校园里曾经有四棵高大的凤凰木，一到春天就开着满树火红的花，远远望去，宛若绿树丛中的一片红霞，非常好看。然而2008—2011年，三棵凤凰木相继死去，仅剩校门口的那棵。2012年的春天，仅剩的那棵凤凰木却迟迟不发芽，枝头零星几点叶子和几朵红花在风中摇摇欲坠，校园里见不到那美丽的红霞了，同学们捡落花的笑声也没有了，凤凰木到底怎么了？带着这个问题，我们开始了对它们的研究。受害的凤凰木和正常的凤凰木分别如图1、如图2所示。

图1　受害的凤凰木　　　　　　图2　正常的凤凰木

我们选择此课题，首先，是因为我们非常喜欢这几棵美丽的凤凰木，对于它们的消失非常伤心。其次，校园是我们生活中最重要的地方，我们希望自己的校园能自己做主，希望通过实践活动了解凤凰木的习性，看看校园里到底适合种什么树，从而向学校表达我们的愿望——校园中的树要"既美丽又较少有病虫害"。

二、活动过程及结果

本次科学活动计划从2012年1月开始，到2014年2月结束，历时两年。活动过程包括前期准备、问卷及实地调查、选择分析及实验研究、成果展示及推广应用4个步骤（见表1）。

表1　活动过程

步骤	内容	组织者	参与者	活动时间
前期准备	制订活动计划，明确分工	科学探究小社团	社团成员	2012年1月
	宣传动员	科学探究小社团	全校学生	2012年1月
	相关知识收集、展示	知识搜集队	全校学生	2012年2—3月
	确定调查方案、设计调查问卷	问卷调查队	各活动组学生代表	2012年4月
问卷及实地调查	走访教师、社区居民和我校校友，了解学校凤凰木种植的历史、生长状况及部分树木的死亡时间，并分析导致凤凰木死亡的原因	实践行动队	社团成员	2012年5—6月
	对广州一些交通主干道、公共场所、校园种植凤凰木的情况进行了调查	科学研究队	中、高年级学生	2012年7—8月
选择分析及实验研究	统计数据，设计实验	问卷调查队	社团成员	2012年7月
	观察：凤凰木夜蛾生活习性	科学研究队	社团成员	2012年7—8月
	低温对凤凰木生长影响的实验。实验一：检验不同温度对凤凰木生长的影响。实验二：4种广州常见园林植物（凤凰木、大叶紫薇、小叶榄仁、白兰）抗低温实验。实验三：几种常见防治方法对凤凰木根腐病的效果研究实验。实验四：凤凰木夜蛾的生物防治——在实验室中进行草间小黑蛛、拟水狼蛛攻击、取食害虫的实验	科学探究小社团	社团成员、各活动组学生代表	2012年9月—2013年9月

续 表

步骤	内容	组织者	参与者	活动时间
成果展示及推广应用	专项科普知识竞赛	科学探究小社团	中、高年级学生	2013年11月
	活动成果宣传活动	小小科学院	社团成员	2013年12月—2014年2月

1. 前期准备

本阶段从2012年1月开始，由学校科学探究小社团的学生牵头，招募对此项活动有兴趣的同学，制订活动计划，明确分工后，进行宣传动员与相关知识的培训工作。包括以下内容：通过红领巾广播站介绍学校的历史，播放校园变化的图片和视频，发动全校学生积极参加本次科技活动；介绍科学研究的途径和方法，邀请植物学专家陈教授到校进行专题讲座；邀请区绿化委员会领导介绍广州当前园林树种种植的现状。通过小组内互相交流、班际间互相学习、校内统一展示等方式让学生们大量吸收有关园林绿化、病虫害生物防治的知识。科学探究小社团的学生们组成培训组、辅导队，培训组对各班同学进行培训，帮助同学们确定调查内容、研究调查方法。辅导队在培训组工作的基础上，分工到各个班级，重点分布到开展活动较困难的中低年级，协助处理活动过程中的突发事件。

2. 问卷及实地调查

各年级的学生首先根据自己的年龄特点，查阅相关资料，对凤凰木的生活习性、常见病虫害等有一定认识后，设计好调查问卷，并请辅导教师帮助修改，决定最后的问卷。学生们先走访学校教师，接着在家长的带领下走进社区，向居民和校友了解学校多年来绿化树种的变化，他们记忆中校园的凤凰木情况。学生们还带着问卷到广州一些交通主干道、公共场所、校园进行种植凤凰木情况调查，分析其绿化功能（主要考虑行道树的种植历史、遮阴度）和景观价值（主要考虑街道树美观及绿化带植物品种、搭配及分车道绿化景观等因素），共发放调查问卷100多份，回收问卷98份，约占总数的89%。同时还采访了公园的绿化师傅、区绿化委员会的领导，发现当前人们对凤凰木喜忧参半：大家都认可凤凰木花红叶绿的美丽与良好的遮阴效果，但其不耐低温、病虫害严重等也令人们大为头疼。

3. 选择分析及实验研究

"凤凰木是否适宜作用为园林绿化树种？"这个问题成为学生探究性学习的一个良好资源，我们开展了关于凤凰木的生物习性及导致凤凰木死亡原因的调查。学生在观察、调查活动过程中对调查结果做统计和分析。在此基础上，高年级学生创设一个实验环境，设计好各变量的数量，设计出多个实验分析凤凰木死亡的原因。这个环节是本活动的重点。根据学生们感兴趣的问题，教师指导其设计研究课题，制订研究计划。有的研究凤凰木与低温寒害的关系；有的实验分析4种广州常见园林植物抗低温能力；有的研究使用不同药剂防治凤凰木根腐病；有的学生还和爸爸妈妈一起去寻找凤凰木夜蛾的天敌——草间小黑蛛、拟水狼蛛，尝试通过生物防治的方法消灭害虫……通过这些实验延伸、拓宽研究范围，教师可以引导学生思考更深层次内容。分析凤凰木死亡原因的实验见表2。学生实验如图3所示。

表2 分析凤凰木死亡原因的实验

实验项目	分项实验	实验内容	实验效果
低温对凤凰木生长影响的实验	实验一：实验室检验不同温度对凤凰木生长的影响	取半年龄生凤凰木树苗12株，分别放入5℃、9℃、13℃、15℃的冷藏箱中，每天光照10h，与植物园中正常的露天种植凤凰木对比。每5天记录一次植株形态变化与叶片褐变程度。连续处理15天后，再次测量植株高度等形态指标	不同温度处理下各树苗的生长差异很大，从复叶的叶片数变化率来看，在15℃环境下各树苗的叶片数显著增加；随着温度的降低及低温胁迫时间的延长，各苗木叶片的褐变程度加重，在9℃、5℃环境下，凤凰木死亡，在株高变化中也可看到同样的规律。因此，从叶片、株高的增长率情况来看，温度的降低，对凤凰木的生长影响较大，低温寒害是凤凰木致死的主要原因之一
	实验二：4种广州常见园林植物抗低温能力	取半年龄生凤凰木、大叶紫薇、小叶榄仁、白兰树苗各3株，分别放入5℃、9℃的冷藏箱中，每天光照10h。每5天记录一次植株形态变化与叶片褐变程度。连续处理15天后，再次测量植株高度等形态指标	温度的降低对部分园林植物生长影响较大。其中原产地为热带南美洲的小叶榄仁、凤凰木最不抗寒。在5℃的环境下，凤凰木、小叶榄仁叶片的凋落比叶片的生长速率快，所以，叶片增长率出现了负值，甚至导致树苗死亡。而本土植物白兰、大叶紫薇抗低温能力较强，不但能忍耐低温，还能继续生长。由此可见，各苗木的抗寒性强弱排列为白兰>大叶紫薇>凤凰木>小叶榄仁。一般1年

实验项目	分项实验	实验内容	实验效果
低温对凤凰木生长影响的实验	实验二：4种广州常见园林植物抗低温能力		生高可达1.5~2m，2年生高可达3~4m，种植6~8年开花。在华南地区，每年2月初冬芽萌发，4—7月为生长高峰，7月下旬因气温过高，生长量下降，8月中下旬以后气温下降，生长加快，10月份后生长减慢，12月至翌年1月份落叶。应选土壤肥沃、排水良好且向阳处栽植。春季萌芽前与开花前应各施肥一次。台风季节应及时清理被吹断的枝叶。病虫害有叶斑病和夜蛾幼虫等，须对症防治
凤凰木根腐病防治的实验——几种常见防治方法对凤凰木根腐病的效果研究		取已感染根腐病的植株。将8株病苗分成4组，一组对照，另外三组分别喷洒石灰、化学药剂和中药制剂。每15天记录一次植株形态变化，测量植株高度等形态指标，观察45天	石灰、五氯硝基苯化学药剂和混合中药制剂均能抑制褐座坚壳菌的生长，改善病情，其中短期效果以五氯硝基苯化学药剂的效果最好
凤凰木夜蛾的生物防治实验——在实验室中进行草间小黑蛛、拟水狼蛛攻击、取食害虫的实验		将凤凰木夜蛾1龄末害虫50条和天敌放入透明盒中，48h后检查害虫被捕食量及天敌存活情况（没有蜘蛛的对照组一个）。两天后观察实验组与对照组中凤凰木夜蛾的数量对比	草间小黑蛛和拟水狼蛛对凤凰木夜蛾都有捕食作用，捕食率为80%~100%，天敌数量的增多，捕食量增大。但由于两种天敌的体形较小（草间小黑蛛体长3mm左右、拟水狼蛛体长6mm左右），它们只能捕食斜纹夜蛾的低龄害虫

图3　学生进行实验

4. 成果展示及推广应用

学生通过学习、调查、实验，掌握一定的知识和技能以后，将调查结果整理成文字、图片材料，作为阶段性成果进行展示：开展了专项科普知识竞赛（内容包括植物认种知识、植物生长知多少、农药与我们的生活等）、科学研究小论文、手抄报、黑板报设计评比等活动。

学生向学校提出建议，认为多管齐下，进行综合治理是保护学校最后一棵凤凰木最有效的方法。学生告诉校长，虽然凤凰木很美丽，但它自身有一定的缺陷：作为热带树种，不耐寒；根系浅，树冠大，根腐病发展快；凤凰木夜蛾危害严重，不易防治。所以，学校里只能点缀种植，不适宜推广种植。同时，利用双休日、寒暑假组织学生将研究成果向园林部门反映，提出园林绿化是一个城市形象的主要工程，广州是"花城"，绿化首先应追求"绿色、生态、环保"。在选择美观、速生树种的同时，绿化要体现适地适树、乡土树种为主的原则，选择耐性好、易养护的优良的乡土树种，形成绿化色彩美、成本低、易管理。具有南亚热带和岭南特色的植被景观，应当作广州园林绿化的指导思想。

三、收获及体会

通过这次活动，我们对广州一些交通主干道、公共场所、校园种植凤凰木情况进行了调查，开展了凤凰木的生物习性及分析凤凰木死亡原因的实验。通过实验，我们找到了凤凰木低温致死的温度与时间的关系。通过检测我们发现我市凤凰木根腐病致病菌（褐座坚壳菌）与文献中其他地区发现的致病菌（灵芝菌）不一样，因此，在防治方面选择了一种原本应用于柑橘褐座坚壳菌防治的中药制剂，首次使用在防治凤凰木根腐病中，取得了良好的效果。在防治主要害虫凤凰木夜蛾方面尝试了利用草间小黑蛛、拟水狼蛛攻击、取食害虫的模拟实验。通过一系列的实验，得出凤凰木抗低温能力差、根腐病严重及虫害较难治理，因此凤凰木在园林绿化中比较适宜点缀种植，不适合成片大量种植的结论。

通过一年多的调查、实验、研究，参加活动的学生在教师的指导下学到了很多课堂上学不到的东西，增长了很多昆虫、环保方面的知识，培养了学生观察和动手的能力，锻炼了学生的毅力，让学生初步了解了怎样去研究一个问题（要收集资料、做实验、对资料和实验数据做出分析），知道了原来当科学家是那么不容易。这次活动让我们有机会和科研单位的专家学者一起研究凤凰木的病虫害和生物特性，了解了社会，让师生为社会出一份力。总之，这次活动使师生增长了知识，开阔了视野，是我们人生中一次难忘的经历。

附件1：学生实践论文

红花楹适宜做广州园林树种吗？
——对校园中红花楹病虫害及生物习性的研究

一、探索目的

我们的校园里曾经有4棵高大的红花楹（凤凰木），春天开着火红的花，远远望去宛若绿树丛中的一片红霞，非常好看。然而2008—2011年，3棵红花楹纷纷死去，仅余下校门口的那棵。2012年的春天，剩下的那棵红花楹却迟迟不发芽，枝头没几片叶子，只有零星的几朵红花在风中摇曳，校园里再也见不到那美丽的红霞，听不到同学们在树下捡落花的笑声了。红花楹到底怎么了？带着这个问题，我们开始了对它们的研究。

二、研究过程与方法

（一）调查

（1）红花楹的生物习性。

（2）广州红花楹的种植情况。

（3）我校红花楹的基本情况。

（4）导致红花楹死亡的原因分析。

（二）观察

（1）饲养和观察凤凰木夜蛾的生长史。

（2）草间小黑蛛是怎样攻击害虫的。

（3）拟水狼蛛是怎样攻击害虫的。

（三）实验

（1）饲养凤凰木夜蛾。

（2）饲养草间小黑蛛和拟水狼蛛。

（3）导致红花楹死亡的因素的研究实验。

① 低温对红花楹生长影响的实验。

实验一：检验不同温度对红花楹生长的影响。

实验二：4种广州常见园林植物抗低温实验。

②红花楹根腐病防治的实验。

实验三：几种常见防治方法对红花楹根腐病的效果研究实验。

③凤凰木夜蛾的生物防治实验。

实验四：在实验室中进行草间小黑蛛、拟水狼蛛攻击、取食害虫的实验。

三、调查、实验结果与分析

（一）红花楹的生物习性

红花楹，豆科，苏木亚科，又名火树、凤凰木，原产于非洲，在世界各热带、亚热带地区广泛引种。红花楹树形高大，树冠伞状，叶色翠绿，每年5—8月为盛花期，花色艳红，花开成簇，缀满树冠，如火如荼，风雨过后，遍地落英，犹如铺就红地毯；然后新蕾继续绽放，宛若涅槃的火凤凰，十分美丽。广州在不少道路、公共场所都种植了红花楹。红花楹各器官形态情况见表3。

（二）广州红花楹种植情况

城市种植绿树，除了有遮阴、降噪等作用外，一个很主要的用途是做城市景观。如果绿化景观一般，就会对城市的印象大打折扣。在本次活动中，我们对广州一些交通主干道、公共场所、校园种植红花楹的情况进行了调查。我们以绿化功能（主要考虑行道树的种植历史、遮阴度）和景观价值（主要考虑街道树的美观及绿化带植物品种、搭配及分车道绿化景观等因素）为依据，将它们划分三类绿化景观，以一类绿化景观最佳，二类次之，三类最差。（见表4，其中东山湖公园的红花如图4所示。）

表3 红花楹各器官形态情况

器官	图例	形态
根		如果树龄到一定年份会有板根露出地表。和许多豆目植物一样，红花楹的根部也有根瘤菌共生

续表

器官	图例	形态
茎		大乔木，高可达10~20m，胸径可达1m，树形为广阔伞形，分枝多而开展。树皮粗糙，灰褐色，有明显皮孔，小枝常披短绒毛
叶		二回羽状复叶，互生，长20~60cm，有羽片15~20对，对生；小羽片长5~10cm，有小叶20~40对；小叶密生，细小，长椭圆形，全缘，顶端钝圆，薄纸质。冬天落叶
花		单看一朵花，花大，呈红色，花萼和花瓣皆5片，呈鲜红色带点黄晕，花萼腹面深红色，背面绿色，雄蕊红色。花序为总状花序，呈伞房状排列，聚生成簇
果实及种子		长形豆荚果，长可达60cm，成熟后深褐色，木质化，内藏40粒细小的种子，每颗平均只有0.4g重，种皮有斑纹，有毒。误食会出现腹痛、腹泻、头晕等症状

图4　东山湖公园的红花

表4　广州红花楹种植情况

地点	形式	景观	备注	总评
云山大道	成片道路绿化树	成列种植，形成规模。红花楹树形优美、花色艳丽，与各色灌木相映成趣，行人、汽车仿佛在公园中行走，成为广州主干道园林绿化的样板	为近几年新种植	一类绿化景观
白云山	树木中零星出现	坐缆车俯瞰，茫茫树林中露出一片红彤彤的彩霞，非常抢眼	有近20年的树龄	二类绿化景观
海印桥脚	两株	开花时很抢眼	有近20年的树龄	二类绿化景观
烈士陵园	一株	开花时很抢眼	有近30年的树龄	二类绿化景观
东山湖公园	湖边有一排，其他零星分布	湖边的一片红花楹树，叶子像凤尾草，一阵风过，那细小的叶子颤抖着，很纤弱的样子，开花时则变得很张扬、很抢眼	有近20年的树龄	二类绿化景观
荔枝湾	一株	开花时很抢眼	有近20年的树龄	二类绿化景观
中山大学	两株	开花时很抢眼	有近30年的树龄	二类绿化景观
华南农业大学	一株	开花时很抢眼	有近20年的树龄	二类绿化景观

续 表

地点	形式	景观	备注	总评
华侨外国语学校	十几株	整个校园以红花楹为主要绿化树种，长势很好	有老树，也有新树，形成了"凤凰花"的校园文化	一类绿化景观
越秀区豪贤中学	一株	位于操场旁边，衬着旁边雪白的教学楼	去年教学楼加固时移走了	三类绿化景观
铁四小学	一株	位于校门旁，开花时仿佛给校门举起了一把巨大的"红伞"	今年开始出现濒死现象	三类绿化景观

（三）我校红花楹基本情况（见表5）

我校位于广州市越秀区站西路，是一所有着50多年历史的学校，校园中有30多棵各种树木。以前，我校共有4棵红花楹，分别位于学校的不同位置，每年凤凰花开，学校红云一片，蔚为壮观，如图5～图8所示。然而随着时间的流逝，至今校内的红花楹只剩下正门右侧一棵，濒临死亡。

表5 铁四小学红花楹种植情况

名称	红花楹一	红花楹二	红花楹三	红花楹四
地点	正门右侧	北教学楼前	后门	南教学楼侧
种植年份	20世纪70年代初	20世纪70年代初	20世纪70年代末	20世纪80年代初
树高（m）	12	约7	8	约6
胸径（cm）	41	30	34	25
冠幅（m）	10.8～10.3	10～8	8～8	8～6
生长情况	生长情况不佳	2009年死亡	2009年死亡	2011年死亡
备注	数据为实地测量	★以上数据根据学校以往资料、照片推算得出		

图5 校园正门右侧红花楹

图6 校园北教学楼前红花楹

图7 校园后门红花楹
（拍摄于2005年6月）

图8 校园南教学楼侧红花楹
（拍摄于2002年6月）

（四）导致红花楹死亡的原因分析

1. 树龄长、木质松软——自然死亡率高

凤凰树一般1年生高可达1.5~2m，2年生高可达3~4m，种植6~8年才开花。在广州地区，每年2月初冬芽萌发，4—7月为生长高峰期，7月下旬因气温过高，生长量下降，8月中下旬以后气温下降，生长加快，10月份后生长减慢，12月至翌年1月落叶。红花楹的寿命一般不超过100年，达到30年便进入老龄阶段。红花楹虽然生长迅速，但因茎的木质较松软，而且广州天气温暖湿润，树干易从内部开始腐烂，如果园林工人能及时发现，则可通过内部填埋泡沫板，外封水泥的形式进行加固，如图9、图10所示。如果未能发现，一棵巨大的红花楹就很容易在一场风雨中轰然倒下。

　　图9　在树干中部填埋支撑物　　　图10　填埋支撑物后用水泥封死

　　2. 低温寒害——红花楹的大敌

　　我校北教学楼和后门附近的红花楹一直生长得很好，可是2008年的春天，它仅冒出几个小芽，迟迟未能伸展成新叶，光秃秃的，一直到2009年春天还没有动静。经广州市绿化公司的工作人员鉴定，确定它们已经死亡。现在回想起来，2008年1月底至2月中旬，我国南方遭受大范围雨雪冰冻天气，地处南亚热带的广州遇到了持续23天平均气温低于12℃的低温天气。是不是因为低温导致红花楹这种来自南美洲的热带园林植物遭受到重创的呢？我们进行了红花楹与低温寒害的关系的模拟实验，对低温胁迫后红花楹生物指标变化及生态表现与抗寒性关系进行了研究。

　　实验一：检验不同温度对红花楹生长的影响。

　　研究材料：半年龄生红花楹树苗12株，分别放入5℃、9℃、13℃、15℃的冷藏箱中，每天光照10h，每箱中放入树苗3株。另取出3株为对照组，放在学校植物园中正常露天种植，生长温度取15天平均气温。（见图11）

　　研究方法：每5天对植株的生长状况进行一次观测，记录植株形态变化与叶片褐变程度。连续处理15天后，再次测量植株高度等形态指标。（见表6）

图11 低温时红花榀生长影响的实验

表6 红花榀与低温寒害的关系的模拟实验

组别	实验温度	实验内容	现象				结论
			实验前	第5天	第10天	第15天	
实验组	5℃	复叶数（片）	5.67	0	0	0	随着温度的降低，对红花榀的生长影响增大。低温会严重影响红
		株高（cm）	31.67	31.67	31.67	31.67	
		植株情况	生长正常	6叶片褐色，干枯，植株死亡	—	—	
	9℃	复叶数（片）	5.33	2.33	0.33	0	
		株高（cm）	31.33	31.33	31.33	31.33	
		植株情况	生长正常	3叶片褐色，干枯	6叶片褐色，干枯	植株死亡	
	13℃	复叶数（片）	5.00	4.33	1.33	0.67	
		株高（cm）	30.67	30.67	30.67	30.67	
		植株情况	生长正常	生长停顿，叶片变黄，脱落	生长停顿，叶片变黄，脱落	生长停顿，叶片变黄，脱落	

续 表

组别	实验温度	实验内容	现象				结论
			实验前	第5天	第10天	第15天	
实验组	15℃	复叶数（片）	6.00	5.00	2.67	1.33	花椒的生长，甚至导致其死亡
		株高（cm）	32.67	32.67	32.67	32.67	
		植株情况	生长正常	生长停顿，叶片变黄，脱落	生长停顿，叶片变黄，脱落	生长停顿，叶片变黄，脱落	
对照组	24.5℃	复叶数（片）	6.00	6.33	7.00	7.67	叶片明显增加，可见，此温度比较适宜红花椒的生长
		株高（cm）	32.00	32.00	33.00	33.33	
		植株情况	生长正常	生长正常	生长正常	生长正常	

红花椒不同温度下复叶数变化图如图12所示。

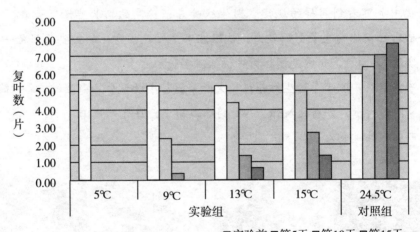

图12 红花椒不同温度下复叶数变化图

红花檵不同温度下株高变化图如图13所示。

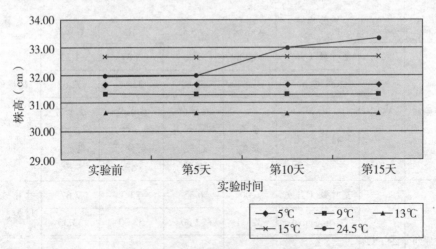

图13 红花檵不同温度下株高变化图

小结：不同温度处理下各树苗的生长差异很大，从复叶的叶片数变化来看，在25℃处理下各树苗的叶片数显著增加，随着温度的降低及低温胁迫时间的延长，各苗木叶片的褐变程度加重，在9℃、5℃环境下，红花檵死亡，在株高变化中也可看到同样的规律。因此从叶片、株高的增长率情况来看，温度的降低对红花檵的生长影响较大，低温寒害是红花檵致死的主要原因之一。

实验二：4种广州常见园林树种抗低温实验。

研究材料：取半年龄生红花檵、大叶紫薇、小叶榄仁、白兰树苗各3株，如图14～图17所示，分别放入5℃、9℃的冷藏箱中，每天光照10h。

研究方法见表7、表8。

图14 红花檵

图15 大叶紫薇

图16 小叶榄仁

图17 白兰

表7　4种广州常见园林植物与低温（5℃）寒害的关系的模拟实验

组别	实验树种	实验内容	现象				结论
			实验前	第5天	第10天	第15天	
实验组	红花檵	复叶数（片）	5.67	0	0	0	低温会严重影响红花檵的生长，甚至导致其死亡
		株高（cm）	31	31	31	31	
		植株情况	生长正常	6叶片褐色，干枯，植株死亡	—	—	
	大叶紫薇	叶片数（片）	9.33	9.33	9.67	10.00	能耐受一定的低温环境
		株高（cm）	28.33	28.33	28.33	28.33	
		植株情况	生长正常	叶片无变化	叶片无变化	叶片无变化	
	小叶榄仁	叶片数（片）	33.67	12.00	2.67	1.00	低温会严重影响小叶榄仁的生长，甚至导致其死亡
		株高（cm）	40.33	40.33	40.33	40.33	
		植株情况	生长正常	全部叶片均出现褪色	叶片褐色，干枯，脱落	植株死亡	
	白兰	叶片数（片）	11.67	11.67	11.67	12.00	白兰在较低的温度下仍能生长
		株高（cm）	24.33	24.33	24.33	24.67	
		植株情况	生长正常	叶片无变化	叶片无变化	叶片无变化	

表8　4种广州常见园林植物与低温（9℃）寒害的关系的模拟实验

组别	实验树种	实验内容	现象				结论
			实验前	第5天	第10天	第15天	
实验组	红花檵	复叶数（片）	5.33	2.33	0.33	0.00	低温会严重影响红花檵的生长，甚至导致其死亡
		株高（cm）	31.33	31.33	31.33	31.33	
		植株情况	生长正常	6叶片褐色，干枯，植株死亡	—	—	
	大叶紫薇	叶片数（片）	9.33	9.67	10.00	10.67	比较适应低温，能缓慢生长
		株高（cm）	28.00	28.00	28.33	28.67	
		植株情况	生长正常	叶片无变化	叶片无变化	叶片无变化	

219

续　表

组别	实验树种	实验内容	现象				结论
			实验前	第5天	第10天	第15天	
实验组	小叶榄仁	叶片数（片）	37.33	12.67	5.00	0.67	低温会严重影响小叶榄仁的生长，甚至导致其死亡
		株高（cm）	39.33	39.33	39.33	39.33	
		植株情况	生长正常	全部叶片均出现褪色	叶片褐色，干枯，脱落	植株死亡	
	白兰	叶片数（片）	9.67	10.00	10.33	10.67	作为本土树种，白兰在低温时仍能生长
		株高（cm）	23.33	23.67	24.33	24.33	
		植株情况	生长正常	叶片无变化	叶片无变化	叶片无变化	

4种广州常见园林树种5℃、9℃环境下叶片数量变化率对比图分别如图18、图19所示。

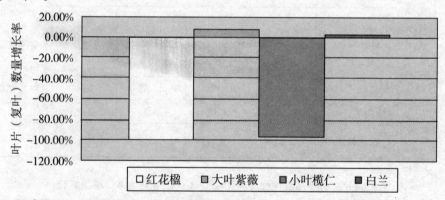

图18　4种广州常见园林树种5℃下叶片数量变化率对比图

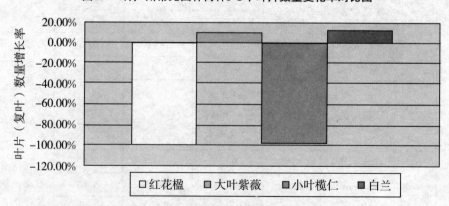

图19　4种广州常见园林树种9℃下叶片数量变化率对比图

小结：温度的降低，对部分园林植物生长影响较大。其中原产地为热带南美洲的小叶榄仁、红花楹最不抗寒。在5℃的环境下，红花楹、小叶榄仁叶片的凋落比叶片的生长速率快，所以叶片增长率出现了负值，甚至导致树苗的死亡。而本土植物白兰、大叶紫薇抗低温能力较强，不但能忍耐低温，还能继续生长。综上所述，各苗木的抗寒性强弱排列为白兰>大叶紫薇>小叶榄仁>红花楹。

3. 红花楹根腐病——红花楹的主要危害

我校幸存的、唯一的一棵红花楹，2012年开始出现生长缓慢，且树冠稀疏呈黄化现象，到现在，生长几乎停滞，叶片不出现使树冠更显稀疏。那天，我们无意中发现露出地面的根部有一些白色丝状物，像密密的蜘蛛网，这是什么？我们挑出一些丝，送到了广东省微生物研究所检验，最终证明这是一种导致根腐病的病原菌——褐座坚壳菌（见图20）。

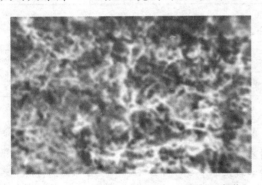

图20　褐座坚壳菌

褐座坚壳菌是植物根腐病的致病菌之一，它的菌丝可多年残留在病根或土壤中，通过寄生植物树根引起根腐，最后导致植物全株死亡，是重要的土传病害。凡树体衰老或因其他病虫危害而树势很弱的果树，一般多易于发病。我们查找了许多资料，发现以往人们在红花楹的根腐病中分离出的主要是灵芝菌类的致病菌，而褐座坚壳菌则多发现于一些果树根部，现行的方法主要用作土壤和种子处理，也有部分农村尝试使用中药制剂处理土壤。然而，这次我们是在苏木科的红花楹树上发现了这种病菌，这些方法还有效吗？我们又开始了实验。

实验三：几种常见防治方法对红花楹根腐病的效果研究实验。

研究材料：我们将在红花楹根部剥落的一些菌丝，撒或埋入半年龄生红花楹盆中，正常养护，半年后扒开土壤，发现红花楹根部出现白点，说明菌丝侵入，植株已感染根腐病。

研究过程：将8株病苗分成4组，一组对照，另外3组分别喷洒石灰、使用化学药剂和中药制剂。每15天对植株的生长状况进行一次观测，记录植株形态变化，测量植株高度等形态指标，观察45天。（见表9、表10）

表9　实验药剂：3种实验药剂的成分及用法

实验药剂	生石灰粉	五氯硝基苯	中药制剂
比例分量	生石灰粉300g	用70%五氯硝基苯干粉10g以1：200的比例兑水	干花椒100g、鲜樟树叶100g、鲜曼陀萝60g、鲜山乌柏20g、干马钱子100g、鲜松树叶100g、干茶枯50g、干黄桐木150g。（此配方为柑橘根腐病的专利产品）
使用方法	撒在泥土表面，正常淋水	除正常淋水外，每5天淋一次药液	分别切碎全部组合一起放入大铁锅内，加温水7.5L浸泡10min，大火煮沸至叶色变黄，起锅过滤去渣。每天用些制剂淋病苗

表10　3种药剂防治红花槭根腐病效果情况表

组别	实验药剂	实验内容	现象				结论
			实验前	第15天	第30天	第45天	
实验组	石灰	复叶数（片）	4.50	5.00	4.00	4.00	石灰有消毒、杀菌和改变土壤酸碱度的作用
		株高（cm）	31.50	31.50	32.00	32.00	
		植株情况	叶片有变黄、叶片数较正常植株少	黄色脱落，有新叶长出	又长出了新叶	生长正常，根部的白斑减少	
	五氯硝基苯	复叶数（片）	4.50	5.00	4.00	4.00	这是一种有机氮保护性杀菌剂，能杀死多种植物致病微生物
		株高（cm）	32.50	33.50	35.00	35.50	
		植株情况	叶片有变黄、叶片数较正常植株少	黄色脱落，有新叶长出	又长出了新叶	生长正常，根部的白斑减少明显	
	中药制剂	复叶数（片）	5.00	4.50	6.50	7.00	利用中药中的杀菌成分，减少土壤中的病菌
		株高（cm）	34.00	34.00	35.50	36.00	
		植株情况	叶片有变黄、叶片数较正常植株少	黄色脱落，未有新叶长出	长出了三片新叶	生长正常，根部的白斑减少	

续 表

组别	实验药剂	实验内容	现象				结论
			实验前	第15天	第30天	第45天	
对照组	清水	复叶数（片）	4.50	5.00	4.00	4.00	病菌继续感染植株，植株生命力减弱
		株高（cm）	32.00	32.00	32.00	32.00	
		植株情况	叶片变黄、叶片数较少	无新叶，黄色脱落	无新叶，黄色脱落	无新叶，黄色脱落	

结论：石灰、五氯硝基苯化学药剂和混合中药制剂均能抑制褐座坚壳菌的生长，改善病情，其中短期效果以五氯硝基苯化学药剂的效果最好，考虑到它还是有微毒性，对我校仅存的一株红花楹，我们准备利用石灰和混合中药制剂来治疗病树。有文献提到，治疗病树应挖开病树根际土壤寻找发病位，先挖主根基部，寻找根颈部的病斑，消除病根并换新土，但我校仅存的红花楹树树冠高大，挖掘难度大，易倒伏。因此，我们仅进行表面喷洒，实验正在进行中。

4. 凤凰木夜蛾——一种危害速度快的虫害

在查找资料的过程中，我们发现在深圳地区多次发生凤凰木夜蛾危害红花楹情况，该虫以幼虫取食叶子，常常把红花楹的叶子全部吃光，严重影响树木的生长及观赏性。这又是一种怎样的害虫？通过广州市园林研究所，我们得到了一些红花楹蛾的幼虫，对其进行饲养，准备实验。

（1）凤凰木夜蛾形态特征和生长史。凤凰木夜蛾，鳞翅目夜蛾科。我们将收集到的一些凤凰木夜蛾幼虫在实验室内饲养，将幼虫放入塑料盒用新鲜豆角叶子喂养，幼虫成熟后转至铺有沙子的容器内化蛹，最后变成成虫。通过观察斜纹夜蛾的生长史，我们发现它是完全变态发育，一生经历卵—幼虫—蛹—成虫4个阶段。温度对斜纹夜蛾的生长发育有重要的影响，它的一生大约为90天。在广州，凤凰木夜蛾一年至少繁殖7~8代，全年均有幼虫出现（见表11）。

表11　凤凰木夜蛾各阶段的生长情况

阶段	图例	形态	经历时间	备注
卵		馒头形，直径约0.5mm，表面有纵横脊纹，黄白色，近孵化时暗灰色	2~3日	成虫将卵产于叶背叶脉分叉处
幼虫		棕黄到黑褐色，体背有一层白粉，老龄幼虫体长44~60mm	14~20日	凤凰木夜蛾的危害主要是在幼虫期吃掉大量树木的叶子
蛹		深褐色，圆筒形，蛹长18~20mm	60~65日	结茧，虫蛹挂在光秃秃的树枝上，一棵树上甚至有数百、上千个虫蛹
成虫		体长17~22mm，翅展33~48mm。黄褐色，多灰色斑纹	15~17日	成虫昼伏夜出

凤凰木夜蛾的幼虫孵化后群聚于嫩叶处取食，会将红花楹的小叶啃光留下叶柄，造成树叶稀疏。当树叶快被吃尽时，幼虫有群集转移的习性，爬下地面迁移到邻近的红花楹上。幼虫受惊后，迅速爬行或吐丝下垂，末龄幼虫还会弹跳落地，栖息时拱成桥形，脱皮后能食尽旧蜕。老熟幼虫在寄主树上或爬到其他树上和杂草上缀叶结茧化蛹。虽然夜蛾幼虫无毒，不会危害人们健康，但它严重影响红花楹的生长。

（2）两类蜘蛛（天敌）对害虫的捕食观察实验。我们在以前做过的斜纹夜蛾生物防治的实验中，曾经发现草间小黑蛛和拟水狼蛛有捕食斜纹夜蛾幼虫的情况，这两种蜘蛛对凤凰木夜蛾幼虫否有防治作用？我们再次捕捉了4只草间小黑蛛和3只拟水狼蛛。带着它们，我们进行了捕食害虫的观察实验（见图21、22）。

图21 草间小黑蛛捕食害虫　　　　图22 拟水狼蛛捕食害虫

实验四：在实验室中检验天敌对害虫的捕食效果。

研究材料：一龄末害虫、草间小黑蛛和拟水狼蛛、蔓花生。

研究方法：在试验前，将蜘蛛喂饱，然后饿24h，将1龄末害虫50条和天敌放入透明盒中，48h后检查害虫被捕食量及天敌存活情况，没有蜘蛛的对照组放在一个透明盒中。

结果与讨论：在两天后观察实验组与对照组中凤凰木夜蛾的数量对比（见图23、图24）

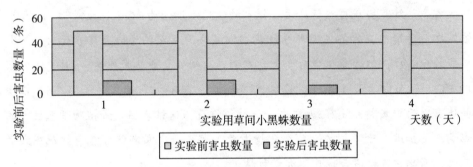

图23 草间小黑蛛捕食害虫的实验观察

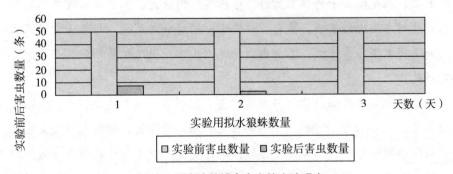

图24 拟水狼蛛捕食害虫的实验观察

小结：草间小黑蛛和拟水狼蛛对凤凰木夜蛾都有捕食作用，捕食率在80%～100%，天敌数量的增多，捕食量增大。但由于两种天敌的体形较小（草间小黑蛛体长3mm左右、拟水狼蛛体长6mm左右），它们只能捕食斜纹夜蛾的低龄害虫。同时，我们查阅文献及咨询各科研单位后，发现国内现在还未有饲养繁殖草间小黑蛛和拟水狼蛛的例子，因此，这种天敌捕食害虫的研究正处于实验室研究阶段。

四、讨论及建议

（一）从多方面考虑，正确看待红花楹作为园林绿化树种的优劣性

红花楹树冠高大，花期花红叶绿，满树如火，富丽堂皇，由于"叶如飞凰之羽，花若丹凤之冠"，故取名凤凰木，是著名的热带观赏树种。红花楹是非洲马达加斯加共和国的国树，广东汕头市、福建厦门市、台湾台南市的市树。除了美丽之外，由于它生长快，树冠横展而下垂，浓密阔大而招风，在热带地区担任遮阴树的角色。在广州，20～30年前曾大量种植此树，然而通过实验，我们认为红花楹在园林绿化中比较适宜点缀种植，不适宜成片大量种植，原因如下：

首先，红花楹来自热带地区，树木的致死温度约为9℃下10天或5℃下5天。虽然实地考察中，我们发现部分红花楹低温胁迫下表现为地上部分死亡，不久又能长出新叶，但毕竟生命力会大受影响。广州处于亚热带地区，1月平均气温12.5℃，然而由于天气具有不稳定性，例如，2008年1月出现了气温在5℃以下并伴有阴雨的寒潮天气有5天之久，这就给红花楹这种喜温热带植物带来巨大的影响。要知道"十年树木"，绿化树木投入大，一次寒潮就可能令红花楹大量死亡，因此它不太适合在广州大量种植。

其次，红花楹由于为热带树种，根系浅、树冠大，本身就具有不稳定性。同时，此树木质比较松软，易受白蚁侵害；根腐病发展快，与泥土交界处的树干受病菌侵害很容易霉变，茎由内向外逐渐粉化，因此极易倒伏，产生严重的伤害事故。

最后，凤凰木夜蛾对此树种危害严重。经调查，我们发现，6～7m高的大树虫害重，而3m以下的小树则虫害轻或无；从单株来说，树冠上部被虫吃光，而树冠下部则受害较轻；单株受害轻，成片受害严重（估计是幼虫活泼，爬行速度快，并能吐丝下垂，借风力传播）。红花楹生长快，几年下来就长得很高

大了，这就大大增加了喷洒药物防治的难度，而任由凤凰木夜蛾肆虐又会很快导致树木的死亡。

（二）多管齐下，综合治理是保护红花楹最有效的方法

红花楹常见的病害以根腐病和凤凰木夜蛾最常见。目前，对这两种病都以化学防治为主，但化学农药的无节制滥用造成凤凰木夜蛾、褐座坚壳菌的抗药性迅速增强，我们提出了利用中药制剂防治根腐病，利用中药的杀菌成分减少病菌对根的危害。在减少农药使用的同时，保护捕食性天敌（如草间小黑蛛和拟水狼蛛）是抑制害虫的另一个重要措施，有必要对其进行保护并加以利用也能达到减少对红花楹危害的作用。

在对凤凰木夜蛾防治的探究中，我们只是进行了一些初步的实验，我们应该不断探究，将成功的经验介绍给大家，让人们能观赏到更美丽的红花楹，为广州保护园林树木工作贡献一分力量。

五、收获和鸣谢

我们经历了一年的调查、实验、研究课程，在老师的指导下学到了很多教材上学不到的知识内容，学到了很多关于昆虫、环保方面的知识。在此期间，我们每个人都学会了观察和动手做实验，发现自己对一件事情的坚持更持久了，也了解在不懂的事情上，我们可以通过收集资料、做实验、分析资料来完成实验，原来这些都是科学家的日常工作。科学家进行科学研究真不容易呀！这次活动让我们有机会和科研单位的专家一起研究红花楹的病虫害和生物特性，让我们懂得了：尊重自然，自然也会守护我们，社会与自然是密不可分的，我们尊重自然也是在帮助社会。总之，这次令人难忘的实验研究活动，不仅拓宽了我们的知识面和视野，更让我们懂得爱护自然、尊重自然。

在这次科学探究活动中，我们得到了陈教授、王教授等专家的热情帮助，同时中山大学生命科学院、广州市生物防治站、广州市园林研究所等单位也对我们的科学探究活动给予了大力支持，在此表示衷心的感谢。

参考文献

［1］Paavolas, Hakkarainen K. *The Knowledge Creation Metaphor–An Emergent Epistemological Approach to Learning* ［J］. *Science and Education*, 2005（14）: 535–557.

［2］李晓强.工程教育再造的机理与路径研究［D］.杭州：浙江大学, 2008.

［3］高尚荣.技术德性论［D］.北京：东南大学, 2013.

［4］刘大军，黄甫全.知识创造视野中的三元交互学习［J］.现代远程教育研究, 2015.

［5］袁运开，蔡铁权.科学课程与教学论［M］.杭州：浙江教育出版社, 2003.

［6］叶禹卿.科学课程与科学素质培养［M］.北京：中国纺织出版社, 2002.

［7］中华人民共和国教育部.义务教育小学科学课程标准［M］.北京：北京师范大学, 2017.

［8］新浪博客.电子书包应用方案［EB/OL］.（2016-4-29）.http：//blog. sina. com. cn/s/blog_a5479fe00102wjmq. html.

［9］乐建吉.数字化实验引入初中科学教学的有效性与可行性问题初探［D］.上海：上海师范大学硕士论文, 2010.

［10］浙江省教育技术中心.关于印发《高中理科实验数据采集系统配备方案（试行）》和《高中生物实验室新增仪器配备方案（试行）》的通知［EB/OL］.（2009-8-30）. http://www. ceiea. com/html/200902/20090221144635u0ls. shtml.

［11］钱扬义.手持技术在理科实验中的应用研究［M］.北京：高等教育出版社, 2003.

［12］童宇阳. 3D打印技术在中小学教学中的应用研究［J］. 现代教育技术，
　　　2013（12）：16–19.

［13］王同聚. 3D打印技术在创客教育中的应用与实践——以中小学创客教育
　　　为例［J］. 教育信息技术，2016（6）：11–14.

［14］杨利民，刘斌斌. 微信小程序对商业银行发展移动金融的几点启示［J］.
　　　现代商业银行导刊，2017（2）.

［15］张长伟. 参与式教学法在社会工作专业教学中的价值［J］. 中国成人教
　　　育，2011（11）：130–131.

［16］钟启泉. "课堂互动"研究：意蕴与课题［J］. 教育研究，2010（10）：
　　　73–80.

［17］郁晓华，黄沁. 学习分析视角下的数字化课堂互动优化研究［J］. 中国电
　　　化教育，2018（2）：12–20.

［18］余新华. 阮元的学术渊源和宗旨［J］. 中国人民大学学报，1998（3）.

［19］卢仙文. 江晓原. 略论清代学者对古代历法的整理研究［J］. 中国科技史
　　　料，1999（1）.

［20］董光璧. 中国近现代科学技术史［M］. 长沙：湖南教育出版社，1992.

［21］成尚荣. 引领孩子们亲历科学——小学科学教学案例解读［M］. 南京：
　　　江苏教育出版社，2001.

［22］中国科协青少年工作部. 绿色家园——全国青少年生物和环境科学实践活
　　　动指南［M］. 北京：中国环境科学出版社，1999.

［23］《2001—2005年中国青少年科学技术普及活动指导纲要》实施项目总课
　　　题组. 科技教育创新——在行动中［M］. 北京：学苑出版社，2002.

［24］崔相录. 研究中学习［M］. 北京：教育科学出版社，2002.

［25］韦钰. 探究式科学教育教学指导［M］. 北京：教育科学出版社，2005.

［26］韦钰. 七年"做中学"科学教育实验给我们的启示［R］. 全国政协《早
　　　期儿童发展高层论坛》，2007.

［27］刘默耕. 小学自然课改革探索［M］. 武汉：湖北教育出版社，1984.

［28］李华. 中国小学科学课程改革历史简析［J］. 科学课，2003（1）.

［29］郭治. 城市小学科技活动［M］. 北京：中国科学技术出版社，1996.

［30］张洪鸣. 小学科学教学案例解读［M］. 南京：江苏教育出版社，2001.

［31］中华人民共和国教育部.全日制义务教育科学（7～9年级）课程标准（实验稿）［M］.北京：北京师范大学出版社，2001.

［32］Dr. KarenL. Ostlund.科学探究过程技能评价手册［M］.王春华，译.北京：高等教育出版社，2005.

［33］陈华彬，梁玲.小学科学教育概论［M］.北京：高等教育出版社，2005.

［34］巴格托，考夫曼.培养学生的创造力［M］.陈菲，周晔晗，李娴，译.上海：华东师范大学出版社，1992.

［35］齐晔，张希良.中国低碳发展报告（2015—2016）［M］.北京：社会科学文献出版社，2016.

［36］张晓露.英国环境教育的"卢卡斯模式"——"关于环境的教育""通过环境的教育""为了环境的教育"［J］.上海教育，2015（6）.

［37］印卫东.环境教育的新理念——从"卢卡斯模式"谈起［J］.教育研究与实验，2009（S2）.

［38］叶祖达.低碳生态空间：跨维度规划的再思考［M］.大连：大连理工大学出版社，2011.

［39］蔡林海.低碳经济：绿色革命与全球创新竞争大格局［M］.北京：经济科学出版社，2009.

［40］张红霞.科学究竟是什么［M］.北京：教育科学出版社，2003.

［41］LindaTorp，SaraSage.基于问题的学习——让学习变得轻松而有趣［M］.北京：中国轻工业出版社，2004.

［42］中华人民共和国教育部.科学（3～6年级）课程标准［M］.北京：北京师范大学出版社，2007.

［43］叶禹卿.科学新课程与科学素质培养［M］.北京：中国纺织出版社，2002.

［44］约翰·宾.研究性学习［M］.张仁铎，译.南京：江苏教育出版社，2004.

［45］广州市教育委员会教学研究室.课堂教学优化的原理与方法［M］.广州：广州市教育委员会教学研究室，1999.

［46］林培英.义务教育科学课程结构问题的几点思考［D］.北京：首都师范大学学报（社会科学版），2001.

［47］刘学铭，肖更生，陈卫东.当前我国果脯蜜饯行业存在的问题与对策［J］.现代食品科技，2006（2）：199-201.

［48］边用福.新编果脯凉果加工技术大全［M］.北京：中国农业大学出版社，2001.

［49］杜淑旭，杜军保，唐朝枢.内源性二氧化硫及其衍生物的生理作用研究进展［J］.北京大学学报（医学版），2006（3）：331-334.

［50］黄国平.食品中SO_2脱除方法研究进展［J］.食品科技，2007（12）：19-22.

［51］吴青，余小林，周玲玲，等.广州市场部分蜜饯中SO_2残留量调查［J］.食品与机械，2008（6）：110-113.

［52］李海波，倪科鸿，郑海平，等.基于臭氧技术的二氧化硫降解装置研究［J］.浙江国际海运职业技术学院学报，2007（4）：12-14.

［53］游凯，贺磊，李远芳，等.冰雪灾害对广州市常见热带引种园林植物的影响［J］.佛山科学技术学院学报（自然科学版），2010，28（1）：7-10.

［54］叶功富，廖福霖，倪志荣，等.厦门市行道绿化树种凤凰木的调查研究［J］.林业科学研究，2002，15（3）：332-337.

［55］林炳艺.凤凰木的人工栽培技术及在园林中的应用［J］.安徽农学通报，2012，18（16）：123-124.

［56］吴福泉，蔡月仙，廖森泰，等.BmNPV对鳞翅目害虫的侵染试验初报［J］.广东农业科学，1999（4）：35-36.

［57］林晓安.河南林业有害生物防治技术［M］.郑州：黄河水利出版社，2005.